生産性

マッキンゼーが
組織と人材に求め続けるもの

伊賀泰代

ダイヤモンド社

はじめに

私は一九九三年から二〇一〇年まで、米国系のコンサルティングファームであるマッキンゼー・アンド・カンパニーの日本支社に在籍し、前半はコンサルタントとして、後半は採用と人材育成を担当する部門のマネージャーとして合計一七年間を務めました。そのときの経験から、日本企業や日本社会と米国系の企業や社会では、優秀な人材に求める資質やその育成方法に関して、ふたつの大きな違いがあると感じるようになりました。

ひとつは、前著『採用基準』で言及したリーダーシップについての意識の差です。米国の企業や大学では、リーダーシップとは新入社員も含めた全員がもつべきスキルであり、そのスキルは学び、訓練をすることで、誰でも身につけられると教えています。

これは、「世の中にはリーダー資質をもつ一部の人と、リーダーには向かない〝その他大勢〟の人がいる」とか、「組織には優れたリーダーがひとりいればよい。他のメンバーに必要なのはフォロワーシップである。全員がリーダーシップなど発揮したら組織の和が乱れる」といった日本的な考えとは一八〇度異なります。

また、米国的な環境では日常的に（一日に何度も）リーダーシップを発揮するよう求められるのに対し、日本でリーダーシップが必要になるのは、緊急時やプロジェクトの立ち上げ期など特別な場合のみと考えられています。

リーダーシップに関するこの意識の差は、日米の組織内におけるリーダーの数と質に圧倒的な格差を生み出し、ひいては、組織のパフォーマンスの差にも影響を与えています。組織全体におけるリーダーシップの総量を増やさず、たまたま現れる特別な人（カリスマリーダー）の力だけに頼っていては、組織が大きくなればなるほど成果を出しにくくなってしまうからです。

加えてもうひとつ、その差が極めて大きいのが「生産性」です。

マッキンゼー入社当初は、海外メンバーの圧倒的な生産性の高さに何度も驚かされました。それは単に「頭がよい」「仕事が速い」という話ではありません。

やるべきことの優先順位を明確にし、優先順位の低いことは大胆に割り切ってしまう判断の潔さや、常に結論を先に表明し、無駄な説明時間や誤解が生じる余地をそぎ落としてしまう直截なコミュニケーションスタイルなど、その働き方にはあらゆる場面において、少しでも生産性を高めようとする強い意志が感じられたのです。

それは上司が帰らないと自分も帰れないといった雰囲気や、ひと言も発言しないまま黙々とメモをとるだけの会議参加者、そして、枝葉末節にこだわり延々と意思決定を引き延ばす生産性の低い議論などとは対極にある働き方です。

それだけではありません。リスクをとることを躊躇しない姿勢の根底にも生産性の意識があります。彼らが既成概念を排してゼロベースで考えようとするのは、それによって生産性が大幅に上がると計算しているからです。

ビジネスにおけるリスクは、「できる限り避ければよいもの」ではありません。それによって得られる成果との比較において許容されるか否かが決まるのであり、もし極めて大きなリターンが期待できるなら「積極的にとりにいくべきもの」として認識されます。つまり、「生産性が大幅に上がるなら従来のやり方に固執する必要はない。リスクをとることも厭うべきではない」というように、生産性をさまざまな場面における判断基準として使っているのです。

マッキンゼーの元人事マネージャーが生産性について語るなんて、違和感をもたれる方もいるでしょう。外資系企業が強調することの多いリーダーシップとは異なり、生産性については日本が世界のトップを走っているはず――そういう意識も強いからです。

実際、日本の製造現場の生産性は、長らく他国を圧倒してきました。しかし、まさにそのために日本では、生産性という概念がまるで「工場のオペレーションの効率化の話」であるかのように捉えられてしまっています。

それ以外の分野における生産性への関心の低さは、国際的な産業別の生産性比較の結果にも顕著に表れています。日本のホワイトカラーやサービス業の生産性は、欧米先進国に比べて著しく低いと何度も指摘されているにもかかわらず、その状況はいまだ改善されることがありません。

また、その概念は本来の意味よりはるかに狭い領域の中に閉じ込められており、「生産性を上げること＝コスト削減」という誤った認識も広く共有されています。

付加価値額を投入資源量で割って計算される生産性を上げるには、言うまでもなくふたつの方法があります。ひとつはコスト削減、そしてもうひとつが付加価値額の向上です。

ふたつの方法のうち、一定のところで限界に達する（ゼロ以下にはできない）コスト削減とは異なり、市場が高く評価する分野にリソースを集中して付加価値を上げていく方向での生産性向上には、理論上の上限がありません。

欧米企業の多くは、事業ポートフォリオの組み替えなどの経営判断においても、また、商品やサービスの取捨選択においても、付加価値の低いものは早めに切り捨て、高い付加価値が見込まれる分野に資源を集中していきます。

こういった大胆な経営判断の背景にあるのも、「資金や人材などの経営資源を生産性の高い分野に集中させて企業価値を高める」という基本的な考え方です。

さらには人材育成に関しても、「成長するとは生産性を上げることである」というシンプルな信念が貫かれています。成長するとは、新たな知識や技術を習得することでも、英語がうまくなることでもありません。それらを駆使して仕事の生産性を上げることができたかどうか。それがすべてなのです。

そこには、「生産性を上げるとクリエイティビティが失われる」とか、「非効率の中にこそイノベーションのヒントが含まれている」「生産性の高い組織はギスギスしている」などといった考え（誤解）はありません。

世界からイノベーティブだとみなされているシリコンバレー型の企業の多くは、日本企業よりはるかに生産性を重視しています。それはマーケティング部門であれ、開発部門であれ、人事部門であれ、同じです。

創業から数年で世界中に拠点を立ち上げ、驚くようなスピードで世界各国にサービスを浸透させていくスタートアップ企業も、組織全体の、すなわちすべての部門の生産性が極めて高いからこそ、あのような成長が可能になっているのです。

私が今回、生産性について本を書こうと思ったのは、日本における（工場以外での）生産性に関する意識の低さが、世界と戦う日本企業にとって、大きな足かせになっていると感じたからです。

「競争に勝つためには、より長く働く必要がある」という労働投入型の発想では、人も組織も疲弊してしまうし、新しい技術や仕組みを積極的に取り入れ、生産性をどんどん上げていこうとする生産性重視型の企業に勝てるはずがありません。

また最近よく耳にする「働き方改革」という言葉にも危うさを感じます。経済成長には女性や高齢者、外国人など新たな働き手が不可欠と考えるのもまた、労働投入型の発想だからです。長時間労働の是正に関しても、「低い生産性の仕事を長時間、社員に課している企業」と「極めて高い生産性で朝から晩まで働き、圧倒的なスピードで世界を席巻してゆく企業」の違いが理解されているようにはみえません。

とはいえ、ここでひとつ明確にしておきたいことがあります。それは、日本と米国の組織を比べたとき、リーダーシップと生産性以外には、その人材力や組織力を左右する決定的な要因は何もないということです。勤勉さや規律性の高さはもちろん、分析力や論理思考力、そして技術力から創造力まで、日本のビジネスパーソンの資質は極めてハイレベルです。あとはリーダーシップと生産性の重要性をしっかりと理解し、真摯にその向上に取り組めば、スタートアップ企業であれ大企業であれ、日本企業は今よりはるかに高い地点に到達できるはずです。

本書では、誤解されていることの多い革新（イノベーション）と生産性の関係や、改善（インプルーブメント）と生産性の関係についても言及するほか、組織全体の生産性を高めるための人材育成方法にも多くの紙面を割いています。

最後まで読んでいただければ、生産性について今までとは大きく異なる認識をもっていただけると確信していますし、「これはぜひ取り入れてみよう」と思えるアイデアもいくつかは見つけていただけるはずです。それらを通じ、本書が少しでもビジネスの最前線で奮闘される皆さまのお役に立てますよう、著者として心から願っております。

生産性 ――マッキンゼーが組織と人材に求め続けるもの　目次

第2章

ビジネスイノベーションに不可欠な生産性の意識

第3章 量から質の評価へ

第4章 トップパフォーマーの潜在力を引き出す

第5章 人材を諦めない組織へ

第6章

管理職の使命はチームの生産性向上

第7章

業務の生産性向上に直結する研修

第8章 マッキンゼー流 資料の作り方

第9章 マッキンゼー流 会議の進め方

終章　マクロな視点から

序章

軽視される「生産性」

最も生産性の高い採用とは?

一定のビジネス経験をもつ人であれば、生産性の定義について大枠の理解はされているはずです。しかしビジネスの現場では、その概念はしばしば軽視され、時には完全に無視されてしまいます。私の専門領域であった人材採用という分野もまた、その例外ではありませんでした。

新規採用を行う企業は最初に「どんな人材を何人くらい採用したい」という目標を立てます。今、仮にその目標が「自社の採用基準を満たす一〇人の新卒学生の採用」であったとしましょう。このとき、最も生産性が高い採用とはどのような状況のことでしょうか？

- 採用したいと思える学生が、できるだけ多数、応募してきてくれること
- 採用すべき人をごく短時間で見極められること
- 内定者が全員（他社ではなく自社に）入社してくれること

など、さまざまな「理想的な採用」のイメージが浮かびますよね。

たしかにこれらもすばらしい状況ではありますが、生産性という観点に絞ってみれば、この企業にとって最も生産性の高い状況とは、「最終的に入社をする一〇人だけが応募してくる」ことです。

もちろん現実的にはそんなことはありえません。しかしこれが目指すべき方向性だということは理解しておく必要があります。

そんな馬鹿なと思われるかもしれませんが、では「一〇人の新卒学生の採用」が目標である企業にとって、何人の応募があれば最も理想的な状況といえるのでしょう？　一〇〇人？　一〇〇〇人？　それとも一万人でしょうか？

採用には多大な経費と人手がかかります。特に、面接や内定維持のために投入される優

秀な社員の時間負担は膨大で、新卒採用シーズンには本来業務を後回しにしてまで面接やインターンシップなど、採用関連イベントのために駆り出される社員が続出しています。

自社の採用基準を満たし、かつ確実に入社してくれる一〇人が受けにきてくれたら、他に何人もの応募がある必要はありません。そういった生産性の高い採用が実現できれば、毎年数カ月にもわたって採用業務に駆り出される社員の負担も最小限にとどめることができるのです。

量を追う発想が生産性を下げる

とはいえ、採用目標が一〇人の企業に一〇人しか応募がなければ、たとえそれら応募者の質が非常に高くても、多くの企業では「応募者が少なすぎる」という声が上がります。「会社説明会に一〇人しか学生が集まっていない。エントリーしてきたのも一〇人だけだ。これでは我が社は不人気企業にみえてしまう」とか、「応募者全員を採用するなんて、来年の新人は質が悪いに違いない」という話になるからです。おそらく人事担当者は、経営陣から大目玉をくらうことになるでしょう。だから会社説明会には採用人数の何十倍、時には何百倍もの学生を集めることが目標とされ、各企業はそのために多大な努力と経費投入を行うのです。

採用サイトへの広告掲載料、ジョブフェアや合同説明会などへの出展料、説明会の告知費用、スカウトメールの送信料など、応募者数を増やすための費用は多岐にわたり、一冊数百円もかかるパンフレットや、ひとり当たり数千円かかる適性検査を受けさせるコストも、応募者の数に応じて跳ね上がります。

生産性の観点からみれば、こういった「とにかく応募者を増やす」方法は、最も避けるべき方策です。なのになぜ、多くの企業がそういう方向に走ってしまうのか。

理由はふたつです。まずは「採用人数を増やすためには、応募人数を増やすしかない」と思い込んでいること。つまり、生産性を上げるという発想がないことです。

採用支援企業は、「応募者が多ければ多いほど、採用可能な学生が増える」と主張します。「五〇人集めれば、採用できる学生がひとりは含まれている。だから一〇人採用したいのであれば、五〇〇人を集める必要がある」というロジックです。

これは「ある仕事を仕上げるには五〇時間が必要だ。したがってその一〇倍の仕事を仕上げたいなら、五〇〇時間の労働時間が必要になる」というロジックと同じです。こうした「アウトプットを増やしたければ、その分、インプットを増やすべき」という発想には、生産性の概念が完全に欠如しています。

そのような論理は、採用支援企業の営業トークとしては合理的かもしれません。しかし、採用企業側がそれを鵜呑みにするのは間違いです。

生産性向上の観点からは、「五〇人にひとりではなく五〇人にふたり、採用できる学生が含まれるようにする方法」を考えるのが正しい検討の方向です。それができれば次は五〇人に三人、そして四人と、一定規模の応募者グループに含まれる「採用できる人材」の数を増やしていく——これが究極的には「一〇人の応募で一〇人採用」につながる目指すべき方向です。しかし現実には、そのために投入される努力や予算、そして知恵の量は、応募者数を倍にするために投入されるそれらに比べて、圧倒的に少ないのです。

「応募者が集まれば集まるほど、優秀な学生も増えるはず」という量頼みの発想は、多くの場合、採用の生産性を悪化させます。あの手この手で無理矢理に応募者を集めれば、ある時点以降はその質も入社意欲も急速に低下し始めるからです。

さらに、応募者が増えると採用プロセスに時間がかかるようになるため、内定を出すまでの時間が長くなります。このため有望な学生が他社から先に内定を得てしまう可能性も高まり、最終的な採用の生産性はさらに下がってしまいます。

こうして最初は五〇人にひとり採用できていた企業が、五〇〇人を集めたら八人しか採用できなかったという事態に陥るのです。

経営者の見栄という大問題

量頼みの発想に加え、もうひとつ採用の生産性を下げてしまう理由として、経営者の見栄の問題があります。

「ライバル企業の説明会には一〇〇〇人の学生が集まったらしい。うちの説明会にはなぜ三〇〇人しか集まっていないのか？」と文句を言う役員や、その役員を説得できない（もしくは、するのが面倒だからやらない怠惰な）人事部門が存在するために、採用の生産性が下がってしまうのです。

採用支援企業が発表する人気企業ランキングは、できるだけ手広く説明会を開き、さまざまな就活イベントに出展したほうが（学生の中で社名の認知度が上がるため）ランキングが上がる仕組みとなっています。

このため就活ランキングを気にする役員が多い企業ほど、頻繁に説明会を開き、大量のパンフレットを配布して、集まる学生を増やそうとします。たとえ彼らの中に採用基準を満たしていない学生、もしくは、内定を出してもその企業に入社する気がまったくない学生が大量に含まれていても、人気ランキングさえ高くなれば「人事部はよくやっている」

と考える――そういう役員が多い企業ほど、「とにかく学生を集めよう」という方向に走ってしまうのです。

本業で競い合うライバル企業に、就職人気ランキングで大きく差をつけられるのは、誰にとっても嬉しいことではありません。その気持ちはよくわかります。

しかし人気ランキングを維持するために（面接に駆り出される優秀な社員たちの貴重な時間を含め）どれほどのコストがかかるのかということも、もう少し意識すべきではないでしょうか。それはまさに経営資源の有効活用というマネジメント上の課題なのです。

日本企業はバブル経済が崩壊する頃まで、時に採算を度外視してでも売上げや市場シェアを拡大しようとしていました。経営全体において規模や量が優先されていたのです。海外投資家の株式保有率が高くなった今は、利益率やＲＯＥ（資本利益率）など資本の生産性や、投資に対する利益率を重視する企業が増えています。

しかし率より量を重視するメンタリティは、組織のさまざまな部分にまだ根強く残っています。採用の説明会にできる限り多くの学生を参加させたいと考えるのも、そのひとつでしょう。

本来、経営者は人事部に「なぜ一〇人を採用するために、一〇〇〇人も集めなければならないのか？」「一〇〇〇人ではなく、五〇〇人から一〇人を採用できるようにするため、これまでにどのような施策を打ったのか？」と採用の生産性を問うべきなのです。

中には、採用イベントに多くの学生を集めれば、社名やブランドの認知など本業への営業効果があると期待する人もいます。しかし、採用で不合格とされる学生を増やしておいて、営業的な効果や自社ブランドをポジティブに受け止めてくれることを期待するのは、賢いやり方ではありません。双方とも時間をかけたのにお互いにいい印象が残らない、そんな人数を最小化する（理想的にはゼロにする）ことこそが、最も生産性の高い究極の採用方法なのです。

セルフスクリーニングの重要性

採用の生産性を高めるためには、具体的にどのような方法があるのでしょう？

今、最もよく使われている「生産性を上げるための方法」は、応募受付を自社サイトに限定したり（＝リクナビなど就活サイトからの応募を認めないという意味）、長めの課題作文や、他社にはないユニークな課題を設定することで、「とりあえず応募する」学生を減らすという手法です。

この方法は、連日テレビＣＭを流しているような超有名企業の他、一部の学生に熱狂的な人気のベンチャー企業などに使われています。そういった企業では採用枠に対して過大すぎる応募があるため、「採用の生産性があまりに低すぎる」という問題認識が高まっているのです。

それに加え、応募者がセルフスクリーニングできるよう情報提供をするのも効果的です。企業が学生をその学歴や適性で選別することをスクリーニングと呼びますが、反対に、学生側が「この企業は自分に合っているか？」と判断するのがセルフスクリーニングです。

セルフスクリーニングを機能させるには、採用サイトやパンフレットの作成にあたって、「いかに多くの学生を惹きつけるか」ではなく、「いかに自社が欲しい学生だけを惹きつけるか」という視点を入れる必要があります。

たとえばパンフレットやサイトに掲載する若手社員の紹介ページ。多くの会社は可能な限り多彩な学生を惹きつけようと、

- 体育会に所属し、四年間がっつりと競技生活を体験してきた社員
- ＮＰＯで活動し、留学生支援にも携わるなど課外活動に熱心だった社員

● 研究一筋に励んできた理系の社員

と、あらゆるタイプの社員を登場させます。こういった総花的な社員紹介をし、「誰でもウエルカム！」というメッセージを送ると、学生側はまったくセルフスクリーニングができません。これはまさに量を追うアプローチです。

一方、同じ三人の社員を紹介する場合でも、

● 体育会でしっかりリーダーシップを発揮してきた社員
● NPOや留学生支援にリーダーシップを発揮してきた社員
● 研究室や学会活動の中で、リーダーシップを発揮してきた社員

という形で紹介すれば、学生側は「この企業に入りたければ、リーダーシップ経験が不可欠だ」と理解できます。これが、応募者にセルフスクリーニングの基準を提供するということです。

現在のパンフレットやウェブサイトのどこを読めば、適性のない学生が「この企業は、自分には合わない」と理解できるのか、反対に「自分はまさに求められている」と理解で

きるのか。採用関連のコミュニケーションツールは、そういった視点をもって＝生産性を高めるために設計される必要があります。

多様性のある学生を採用するというのは、誰でも彼でも採用するという意味ではありません。自社基準を満たしたうえで多様な人材を採用したいなら、その基準がわかりやすく浮かび上がる（学生にも伝わる）形での情報提供が必要になるのです。

災い転じて生産性向上？

採用の生産性に関してすばらしい対応をみせたのが、数年前、労働環境の厳しさが問題視されたファーストリテイリングです。昨今、労働環境の過酷さや早期退職率の高さは、時に「ブラック企業」といったレッテル貼りを通して、採用のみならず事業活動にまで影響を与える大きなリスク要因となっています。

しかし同社はその危機に際し、トップ自ら労働環境の改善を約束したうえで、全社員の給与レベル（グレード別）を公開するという大胆な施策を実施。「厳しい環境で成果を上げた人にはそれなりの報酬が払われている」「高い成果を上げた人は、若くても高く評価される職場である」と伝えることで、問題を解決しました。

あのとき「これからはみんな楽しく働ける、人にやさしい職場に変わります」などといった、耳には心地よいけれど誤ったセルフスクリーニングにつながる安易なメッセージを発信しなかったことが、このときの対応のポイントです。

これにより同社は、「ユニクロの商品が大好き」「毎日ユニクロ商品を着ている」といった商品イメージへの好印象だけから応募してくる学生を減らし、それなりにプレッシャーのかかる労働環境ではあるが、成果を出せば若くても高く評価される職場で働きたい、という学生を惹きつけることに成功しました。

全社員の給与レベル開示という思い切った手法は、危機対応の機会を利用して学生のセルフスクリーニングを促し、採用の生産性を大幅に高める希有な一手となったのです。

一方で、不適切なセルフスクリーニング基準を放置し続け、採用の生産性を下げてしまう企業もあります。たとえば、「東大生なら誰でも内定が出る」といった評判を放置してしまうと、年々「滑り止めの内定を確保するためだけに応募をしてくる東大生」が増えてしまいます。

そんな状態でも、「東大からの応募が多いとはすばらしい」と考える企業もあるのかもしれません。しかし採用の生産性という意味では手間ばかりかかり、最終的には内定辞退が多くなるなど、決していい策とはいえません。

応募動機を使い回したような不真面目な履歴書を送ってきたら、一流大生でも躊躇なく書類審査で不合格にする——学生間ではこういった情報もすぐに共有されるため、それだけで真剣さを欠く応募が大幅に減り、生産性の低下に歯止めがかけられます。求めているのは量なのか質なのか。生産性の観点から重要なのは、紛れもなく後者なのです。

このように頭では生産性の重要性を理解しているつもりでも、ビジネスの前線では往々にして質より量が優先され、生産性が犠牲にされています。

それはすなわち、予算や優秀な人材といった貴重な経営資源を無駄に使っているということであり、その分、より重要な部分で本来出せるはずの高い成果が犠牲になっているということでもあります。

採用だけでなく、ホワイトカラー部門における生産性の軽視は、多くの分野にみられます。次章以降では「その背景には何があるのか、何が理解されていないがためにそういった問題が起こっているのか」についてみていきたいと思います。

第1章

生産性向上のための四つのアプローチ

生産性を上げるふたつの方法

生産性は「成果物」と、その成果物を獲得するために「投入された資源量」の比率として計算されます。「アウトプット」÷「インプット」といってもよいでしょう（図表1）。

ごく簡単な例でいえば、一〇人の社員で一〇億円の利益を上げる企業のひとり当たり利益は一億円。同額の利益を五人で達成する会社があれば、ひとり当たりの利益は二億円となり、後者の労働生産性は前者の二倍となります。

計算式の分子には売上げや付加価値額、分母には資金や時間、労働者数などさまざまな

図表1　生産性の定義

$$\text{生産性} = \frac{\text{得られた成果}}{\text{投入した資源}} = \frac{\text{アウトプット}}{\text{インプット}}$$

数字が入りますが、いずれの場合も生産性は「成果」÷「投入資源」という割り算で計算されます。

このため、生産性を上げるにはふたつの方法があります。ひとつは成果額（分子）を大きくすること、そしてもうひとつが、投入資源量（分母）を少なくすることです。

ここでよく起こる問題が、成果額を上げるための最初の方法として、残業をしたり人手を増やしたりという「投入資源を増やす」施策が選ばれがちだということです。

生産性の定義を見ればわかるように、投入資源を増やせば生産性は下がります。残業時間を増やして仕事の達成量を増やした場合も、たいてい生産性は下がります。なぜなら残業代は通常勤務時の時給よりはるかに高いし、長時間労働により疲れたり焦ったりすることで当日、そして翌日の生産性も下げてしまうからです。

仕事が忙しくなると、儲かっている企業はすぐに（非正規ワーカーを含む）人材を増やしますが、これも多くの場合、組織の生産性を下げてしまいます。急いで雇った新人の生産性は既存社員ほど高くないばかりか、社内にあふれる生産性の低い作業を彼らに押しつけてしまうことで、それら生産性の低い仕事がいつまでも温存されてしまうからです。

こう話すと、「なるほど。では投入資源を減らせばいいのだな」という話になるのが二番目の問題です。そこで採用される方法の大半が、昼休みにオフィスの電気を消すとか、コピーの枚数を制限するといったコスト削減策だからです。

たしかに無駄なコストは削減すべきです。しかし、すでにギリギリまでコストを削ってきた企業にとって、絞りきった雑巾をさらに絞り込むのは容易なことではありません。それなのにいつまでもとめどなくコスト削減を推し進めると、生産性が上がらないどころか、自由な発想に必要な余裕さえ失われてしまいます。

このように生産性が正確に理解されていない組織では、

- 成果を増やすために安易な資源の追加投入が行われ、生産性が低下する
- コスト削減以外の手を打たないため、生産性の向上幅はごくわずか

といった状況に陥りがちです。

前述したように生産性を上げるためには、分母である投入資源を減らす方法に加え、分

子である成果額を上げる方向での施策も存在します。

販売する商品やサービスの付加価値と価格を上げるのがその典型例ですが、価格だけを上げたのでは市場（消費者）に受け入れられません。企業には、

① 顧客がより高い価値を感じる商品開発やサービス設計を行い

② 価格を上げて

③ 新価格に見合う高い価値があることを、顧客が納得できるように伝える

ことが求められます。

①は商品開発やサービス設計、②はプライシング、③は顧客コミュニケーションで、②と③は広い意味でマーケティングと呼ばれる分野です。

日本で「生産性の向上といえばコスト削減」と思われがちなのは、商品企画やマーケティングに影響力をもたない「工場」のみでその言葉が使われ、発展してきたからでしょう。しかし後述するように、生産性を上げるためにはこういった非製造プロセスでの工夫や努力が不可欠です。

生産性を上げるには、「成果を上げる」と「投入資源量を減らす」というふたつの方法があると理解したうえで、安易に投入資源量を増やさないこと、そして、コスト削減だけでなく付加価値を上げる方法も併せて考えることが必要なのです。

改善（インプルーブメント）と革新（イノベーション）

生産性を上げるためのふたつの方法、「成果を上げる」と「投入資源量を減らす」には、さらにそれぞれを達成するための手段として改善と革新というふたつのアプローチが存在します。つまり生産性を上げる方法は、全部で四種類、存在するのです（図表2）。

四つの方法について、それぞれ具体的な事例をみてみましょう。

アプローチ1：改善による投入資源の削減

「改善による投入資源の削減」とは、（製造現場なら）作業手順を変更したり無駄な作業を省いたり、もしくは部品や工具の置き場所を変えるなど働く環境を整えて作業効率を上げることです。

ホワイトカラー部門ではグループウエアを使ってコミュニケーションを効率化したり、書類整理法やファイルの共有方法を変更して無駄な作業や重複した書類を減らすといった方法がこれにあたります。

他にも、エクセルでマクロプログラムを組んだり、手書きの定型書類をパソコン上で入

図表2　生産性向上のための4つのアプローチ

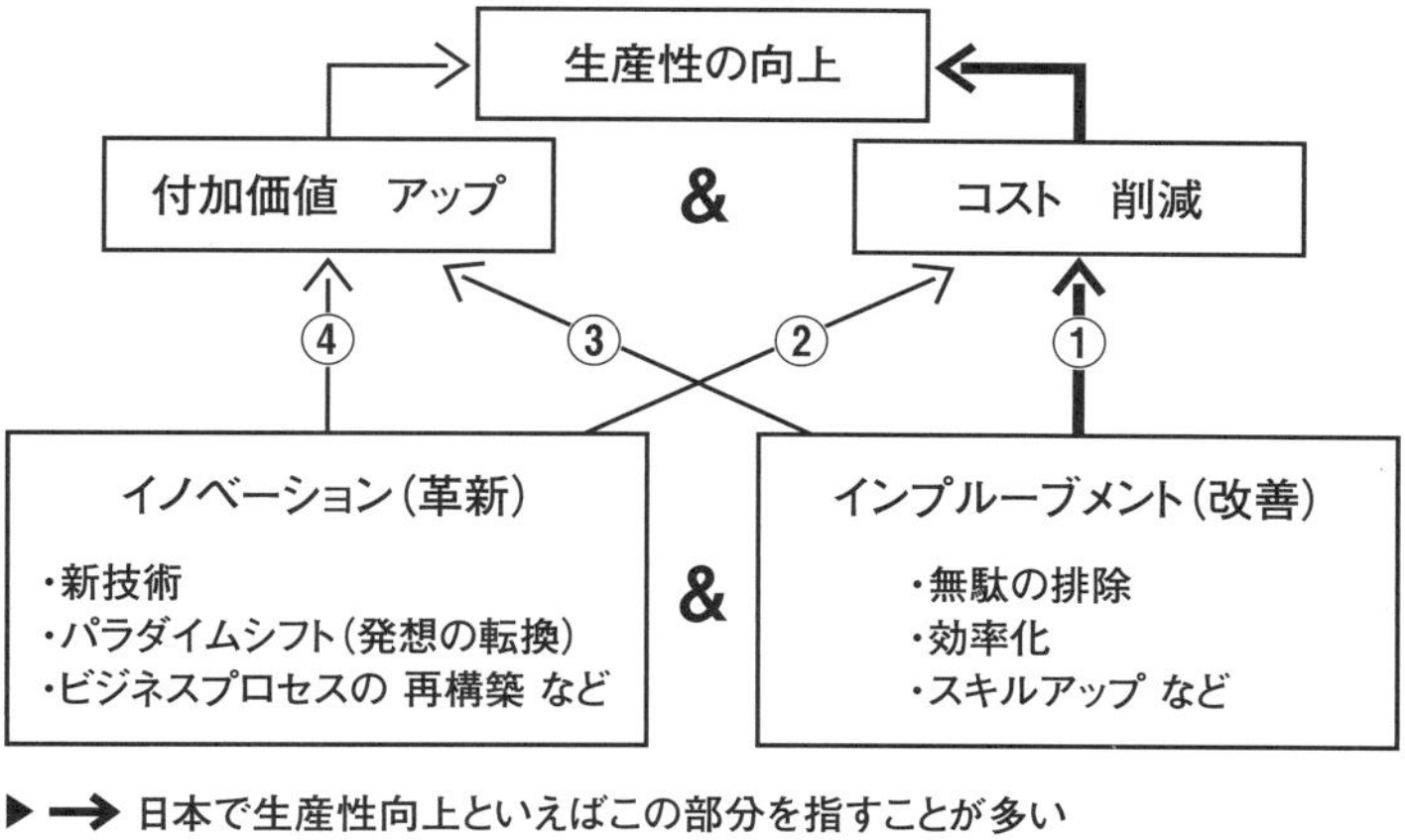

力できるフォーマットに置き換えるといったＩＴの活用も、改善によるコスト削減です。こういった試みは多くの企業で行われており、誰にでもイメージしやすい生産性の向上策でしょう。

アプローチ2：革新による投入資源の削減

次に「革新による投入資源の削減」方法です。

製造現場では、ロボットなど大型工作機械の導入による組み立てプロセスの自動化や、製品の設計を根本から見直し、部品点数や設計図面数を大幅に削減するといった多くのイノベーションが継続的に起こっています。

一方、海外に目を転じると、非製造業分

野でも多くの事例が見つかります。たとえば、米国のクレジットカード会社や消費者ローンを提供する企業は、賃金の安いインドに特別な語学学校をつくり、インド訛りのない英語を話すインド人を大量に育成しました。

そして彼らを雇用することで、コールセンターをインドに移管してしまったのです。米国在住の消費者は、督促の電話がまさかインドからかかってきているとは思ってもみないし、その英語が、インド訛りの矯正スクールで習得されたものだとも想像していないでしょう。

こういった革新的な手法によるコスト削減で、コールセンターの生産性は大幅に上昇しました。それは、対応マニュアルの細かな改善やオペレーターの研修により、クレームひとつ当たりの処理時間を数%ずつ削減するといった地道な改善努力と比べ、極めて大きなインパクトをもたらします。

荷物や旅客を運ぶ際、ハブシステムを構築するのも、革新的なアイデアによるコストの大幅削減事例です。

荷物や人を運ぶとき、出発地と目的地を直接つなぐ路線で運ぶより、いったんハブ拠点にすべてを運び、そこで最終目的地までの飛行機に乗り換えさせると、路線数が減るうえ

図表3　個別ルートで運ぶ場合（5都市10路線）

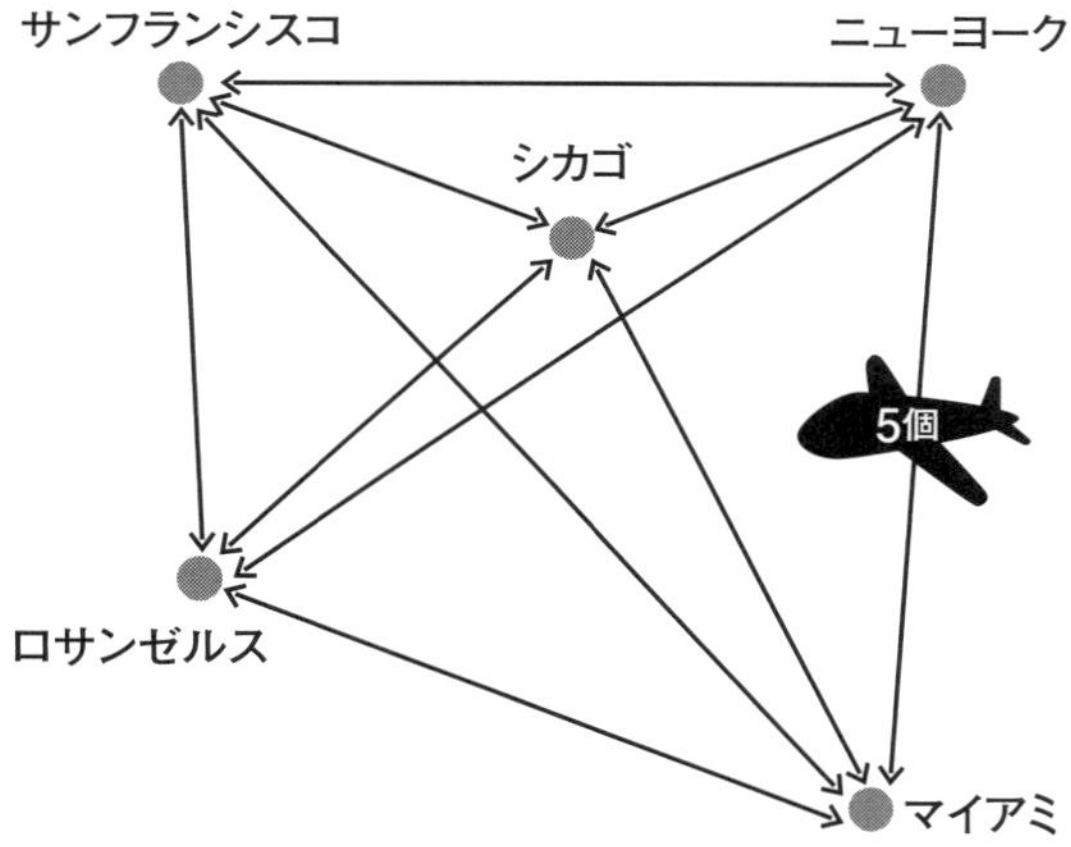

に飛行機の使用効率が格段に上がり、大幅なコスト削減が可能になります。

図表3をご覧ください。各都市から目的都市に直接それぞれ五個の荷物を送ろうとすれば、全体では一〇路線が必要になります。しかも、それぞれの飛行機に載っている荷物は五個だけです。

一方、図表4のようにシカゴをハブ空港として設定すれば、飛行機を飛ばすのは四路線のみとなり、一機の飛行機にはそれぞれ二〇個の荷物を載せられるので、一個当たりの輸送コストは大幅に下がります（ただし旅客の場合は、荷物と異なり乗り換えのストレスなども生じるので、別の最適化も必要）。

現在では当たり前のように使われている

図表4　ハブ空港をつくって運ぶ場合（5都市4路線）

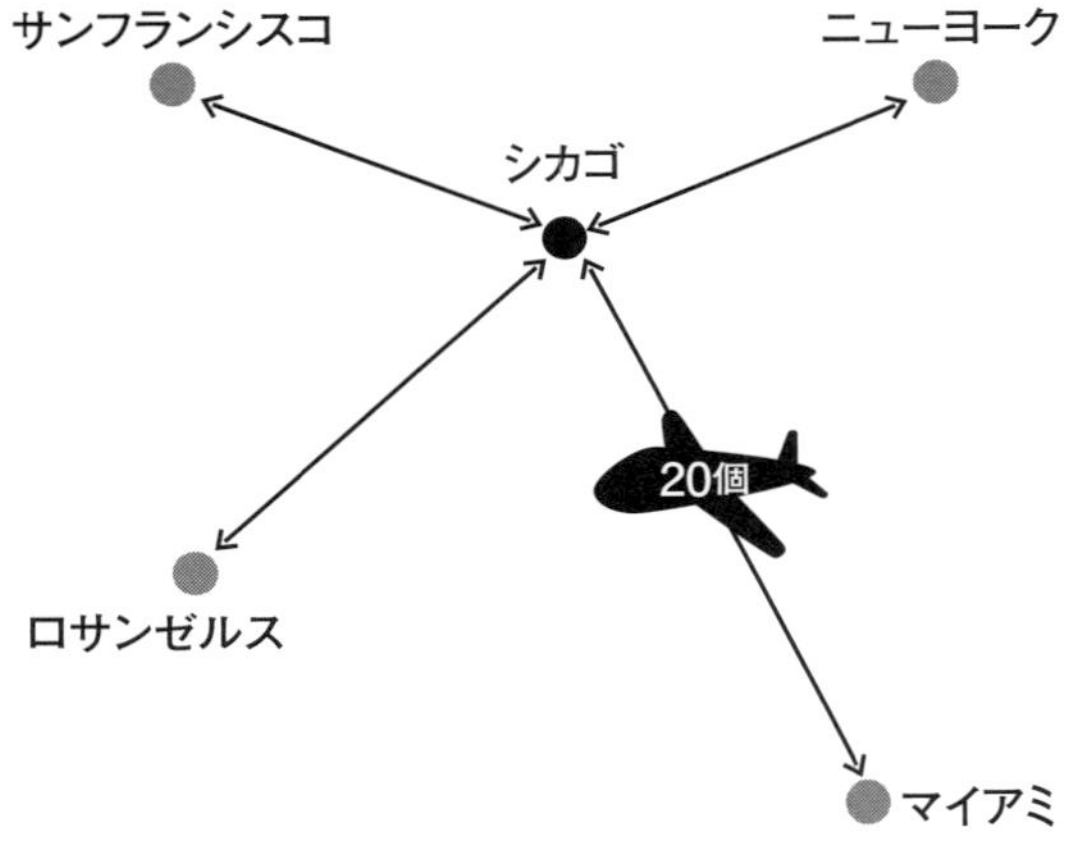

ハブシステムですが、これも最初に考え出され導入された時点では、明らかに改善ではなく革新＝イノベーションと呼べるレベルの生産性向上策でした。

また、欧米のグローバル企業では、経理部門をフィリピン、IT部門をインド、人事部門をシンガポールと最適立地に分散させ、米国や欧州、日本などの高コスト国では管理部門をもたない、という体制をとる組織も増えてきました。これも、組織デザイン分野におけるイノベーションです。

このようにコスト削減の手段にも、地道な工夫を積み重ねる改善的手法に加え、従来の発想を大きく変えることで実現する革新的な手法が存在します。しかも、物流や商流、マーケティングや経営体制のあり方など、製造分野以外においても、数多くの事例が存在するのです。

アプローチ3：改善による付加価値額の増加

次は「改善による付加価値額の増加」です。

製造現場なら作業員の研修を行ったり、ベテラン技術者の技を新人に伝授することで、より付加価値の高い製品を作れるようにする、といった事例がこれにあたります。

ホワイトカラー部門でも、商品のパッケージデザインを変えることで高級感を出して値上げをしたり、人気タレントを使ったプロモーションを行い、いつもは買わない人にもアピールしたり、といった工夫が日常的に行われています。いずれも多くの方に馴染みのある手法でしょう。

ただしここで注意したいのは、付加価値が上がったか下がったかを判断するのは、企業ではなく消費者だということです。たとえ「今までよりはるかにいい商品になった！」と供給者が考えても、それだけの価値を消費者が感じなければ、価格を上げることはできません。

日本企業は「付加価値を上げる＝新たな機能を追加すること」、もしくは、「付加価値を上げる＝高機能化すること」と考えているかのようにみえますが、欧州の家電メーカーなどは、「機能を絞る」ことで付加価値と価格を上げる手法も多用しています。

企業側からみれば「機能を削り、コストを下げて付加価値を上げる」なんて起こりえないと思うかもしれませんが、消費者からみれば「機能が絞られ、使いやすくなったので付加価値が上がる」「単機能となり、デザインがすっきりしたことで付加価値が上がる」のは不思議でもなんでもありません。

反対に、「原材料費が上がったから価格を上げる」という企業の論理を、もはや今の消費者は受け入れません。なぜなら原材料費の高騰は、消費者への提供価値になんら影響を与えないからです。

値上げが受け入れられるのは、代替品が見つからない商品の場合と、原材料費の調達難で供給量が減り、消費者から見た希少性が高まった場合のみです。

コスト積み上げ型のプライシングと、需給に基づく市場型のプライシングは同じようにみえてもまったく異なります。多数の供給者がひしめき合う市場で「原材料費の高騰というコスト積み上げ型の値上げ」が通じないことは、すでに多くの企業が（手痛い経験とともに）学んでいるはずです。

つまり、生産性を計算するときの分子である成果の価値とは、分母である投入原材料の価値の合計値ではなく、「顧客が評価する価値」のことなのです。これが理解できていないと「機能を絞り込んで価格を上げる」という発想は出てこないでしょう。

アプローチ４：革新による付加価値額の増加

最後に「革新による付加価値額の増加」です。

日本では、化学メーカーや素材メーカーが新たな機能をもつ新素材を開発し、圧倒的な付加価値額の向上を達成して生産性を上げる例が数多く存在します。

また最近は創薬などの分野でも、ゲノム解析やｉＰＳ細胞といったイノベーティブな技術によって、付加価値額の桁違いの向上が起こり始めています。インターネットや人工知能なども含め、技術的なブレークスルーが「革新→付加価値額の大幅な増加」に直結するのはよく知られた現象です。

もちろん技術以外の分野でも「革新による成果額の大幅な増加」事例は数多くみられます。たとえばフェイスブックは、ユーザーがアクセスできるコミュニティをリアルなつながりのある範囲に閉じ込め、ネット上にグーグルに検索されない内輪の世界をつくり出しました。これにより彼らは、「世界中の誰に見られるかわからない恐ろしいネットの世界」を、「知り合いだけが見る安全な世界」に変えたのです。

こうして、従来はあの手この手でインセンティブをつけなければ集められなかった貴重な個人情報の大半が、「本人が自分でネットに（嬉々として！）書き込む」という画期的な方法で集められるようになりました。これは個人情報の収集法における大きなブレークスルーであり、イノベーションでした。

特に、これまで「ネットは怖い」と距離をおいていた社会的なステイタスの高い保守的な人たちが、出身地や誕生日などの個人情報を自ら進んで提供するようになったことには大きな価値があります。こうした人たちは経済力が高く、その個人情報の価値も相対的に高いからです。

これは技術的な革新というよりビジネスモデルの革新です。こうしてフェイスブックは、「個人情報の収集の生産性」を大幅に高めることに成功し、それが同社の極めて高い付加価値額（広告料）につながっているのです。

世界と日本の違い

まとめると生産性を上げるための方法には、分子の最大化と分母の最小化というふたつの方法があり、さらにそれぞれを達成するための手段として、イノベーション（革新）とインプルーブメント（改善）のふたつがあるということです。

〈生産性を上げる四つの方法〉

①改善＝インプルーブメントにより、投入資源を小さくする
②革新＝イノベーションにより、投入資源を小さくする
③改善＝インプルーブメントにより、成果を大きくする
④革新＝イノベーションにより、成果を大きくする

しかし日本では、製造現場における改善運動から生産性という概念が普及したため、「生産性を上げる手段＝改善的な手法によるコスト削減」という感覚が定着してしまっています。

このため企画部門や開発部門など「自由に発想することが重要な仕事に従事している」（と自負している）人たちは、生産性の向上が自分たちの仕事にも極めて重要であると、長らく認識できないままになってしまっていました。

コスト削減だけでなく成果の価値を上げることも、そして、改善的な手法だけでなくイノベーティブな発想や技術を駆使して大幅な生産性向上を達成することも、同様に重要です。これら四つの方法がまったく関係しない部門や業務＝生産性の向上が不要な仕事など、どこにも存在しないでしょう。

図表5　生産性を意識すべき分野の広がり

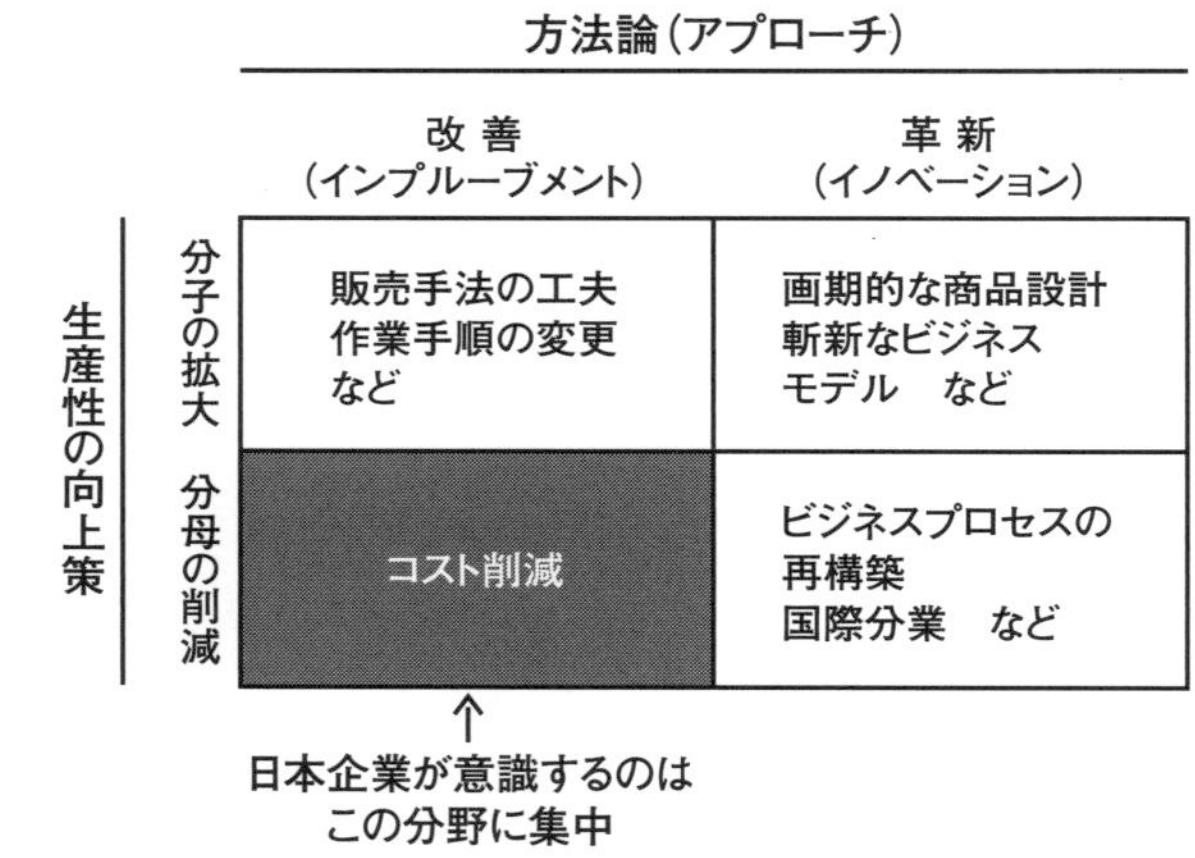

商品開発、サービス開発から、物流や在庫管理、顧客対応、研究開発や人事、経理、法務などの管理部門も含め、すべての部署で不断に生産性の向上を目指すことが必要なのであり、「うちは製造業じゃないから無関係」「開発や企画だけをやっていて、オペレーション部門をもたないから無関係」という話ではないのです。

今、世界には製造部門だけでなく、研究や開発の生産性をいかに高めるか、営業やマーケティングの生産性をどうやって高めるか、さらには、採用や人材育成の生産性の高め方も含め、組織のあらゆる部門の生産性を高めようと日々実践している企業がたくさんあります。それらの企業に対し、「生産性を高める努力をするのは製造部門だけ」とか「生産性を高めるために行うのはコスト削減のみ」といった方式で対抗するのは、もはや不可能です（図表5）。

ホワイトカラー業務に従事する人の中には、自分たちの仕事はブルーカラー業務よりも自由度が高く、クリエイティブで難度の高い仕事だと考えている人もいます。

この根拠なき優越意識のために、ホワイトカラー部門に生産性向上のための研修や新制度を導入しようとしても、「効率ばかり追い求めていては、いい仕事はできない」などといった心理的な抵抗に阻まれることがよくあります。

しかし、非製造部門を含めた組織全体の生産性の向上は、企業（ひいては産業全体や国全体）が生み出せる付加価値の大きさを規定し、それぞれの競争力にも影響を与える重要な経営課題のひとつです。

今はすべての部門で働く人に、「生産性」の重要性を理解し、謙虚かつ真摯に少しでも仕事の生産性を上げるため努力することが求められているのです。

第2章

ビジネスイノベーションに不可欠な生産性の意識

イノベーションと生産性の関係

「イノベーションと生産性の向上は両立しえない、二者択一の概念である」という誤った考え方も、組織全体に生産性の概念を普及させる大きな障害になっています。本章ではこの点についてもう少し説明を加えておきます。

前述したように、このふたつの間には「イノベーションによって、生産性が飛躍的に向上する」という手段と結果の関係があります。これを否定する人はいないと思いますが、図表6にあるように、「イノベーションが起これば、結果的に生産性が上がるのは理解でき

図表6　生産性向上とイノベーションの関係

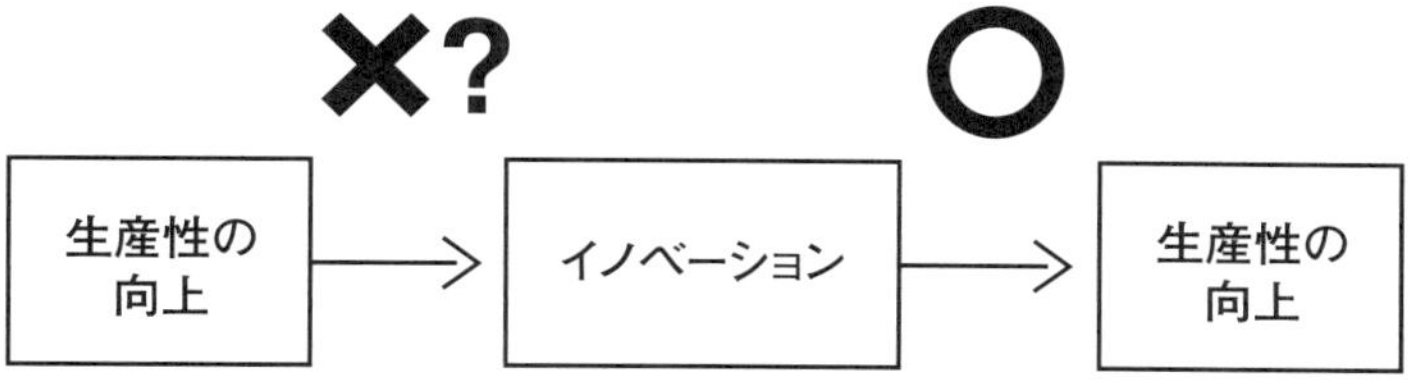

る。しかし、イノベーションを起こしたいのであれば、生産性を気にしていてはダメだ」という考え方があるのです。

ですが、これもおかしな考えです。あえていいきれば、生産性の向上に無関心な企業が、次々とイノベーションを起こす革新的な企業になるとは思えません。そうではなく、組織全体が生産性の向上に意識的になることこそが、イノベーションを生みやすい組織風土をつくるのです。

というのも、組織全体で生産性の向上に取り組めば、イノベーションに必要なふたつの要素、すなわち、「Time for innovation」と「Motivation for innovation」が生み出されるからです。

Time for innovation

最初に必要となるのは、「イノベーションのための時間的な余裕」です。生産性が軽視される組織では、社員は長時間の残業を強いられるなどオペレーショナルな業務（定型的な作業）に忙殺され、新しいアイデアや試みに投資する時間や資金、そして気持ちの余裕を十分に確保できません。特に事業の拡大期にはオペレーション業務が急増するため、意識的に生産性の向上に取り組まない限り、次の飛躍のための投資時間は足りなくなりがちです。

図表7のA社は、規定の労働時間のうち九割の時間が付加価値の低いオペレーショナルな作業にあてられ、一割の時間がイノベーションのために使われている職場です。

もしA社の生産性が上がり、オペレーション業務をより短時間で終わらせられるようになれば、イノベーションのために投資可能な時間が増加し、B社のようになることができます。一方、生産性がさらに低いC社にいたっては、規定の労働時間内ではオペレーション業務が終わらず、社員が付加価値の低い仕事のために残業をしています。

このA、B、Cの三社を比べたとき、いったいどの組織が一番「イノベーションを生み出しやすい組織」だと思われるでしょうか？

どう考えてもC社より、生産性の高いB社で働く人のほうがイノベーションを生み出す可能性も高そうですよね。

人は通常、「まずは絶対に終わらせなければならない仕事を先に終わらせよう」と考えます。大量のオペレーショナルな作業を放置して、「今日は一日、イノベーティブなアイ

図表7　生産性向上で生まれるTime for Innovation

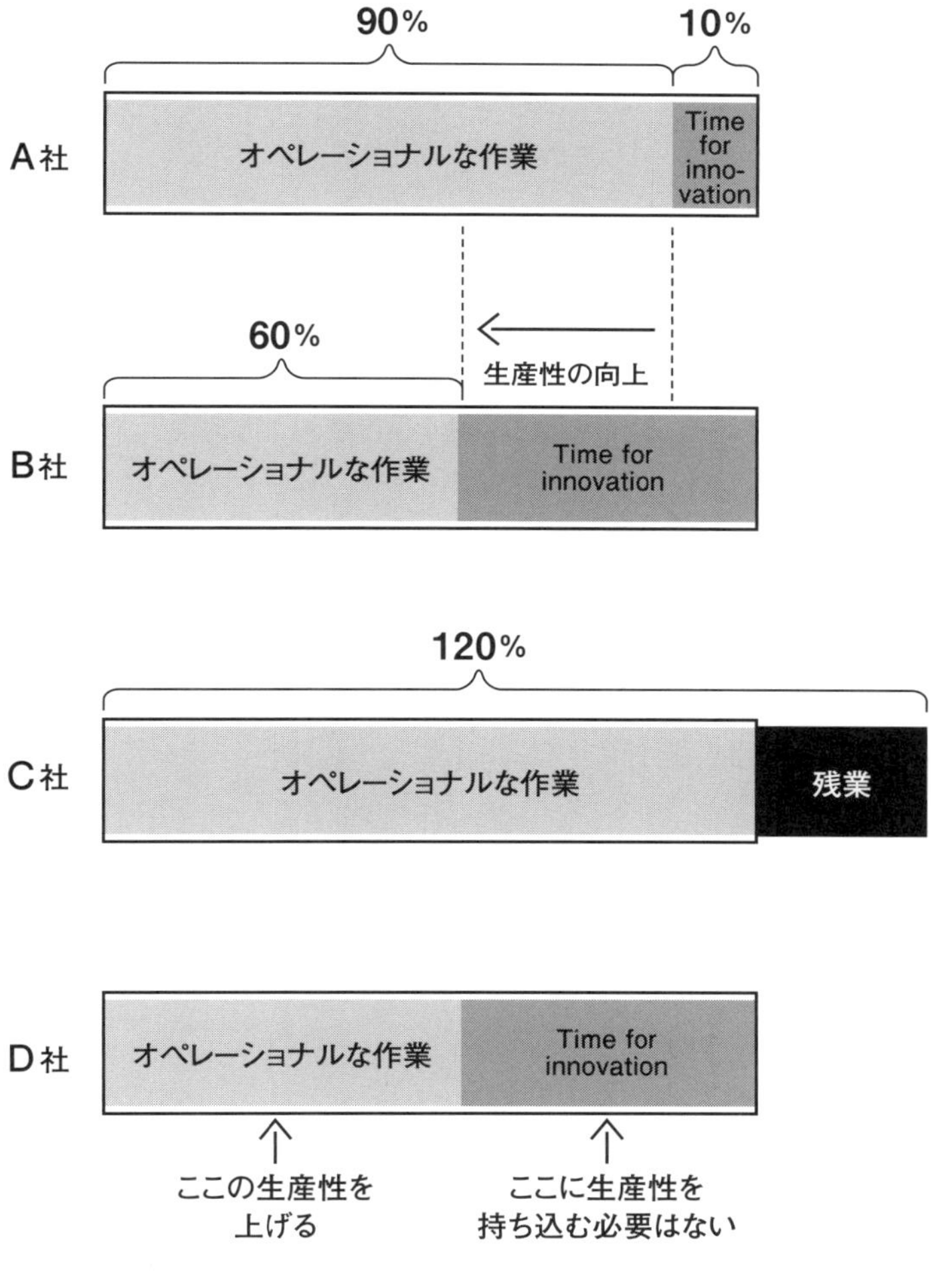

図表8　生産性向上へのプロセス

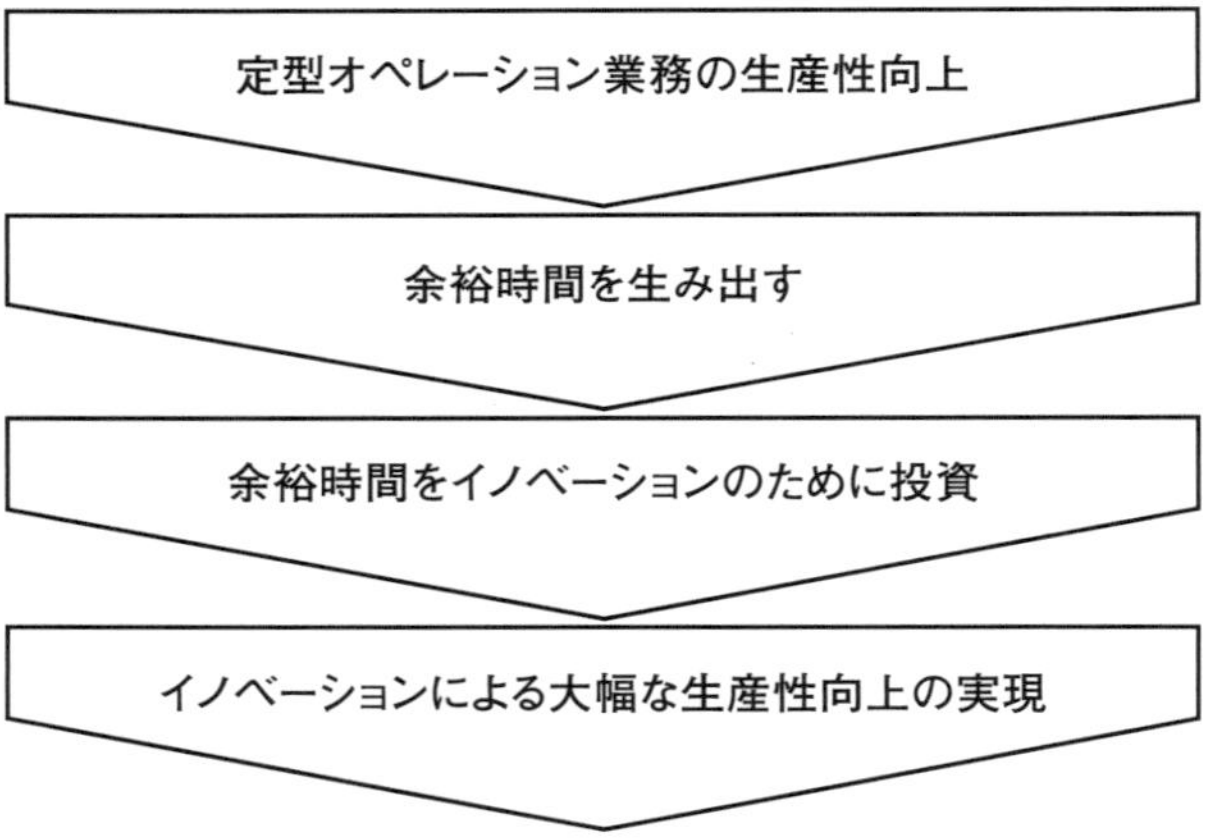

デアについて考えていました！」などと言える人はいないし、もしいたとしても、組織から受け入れられません。

「イノベーションの追求と生産性の向上は両立しない」という考え方は、D社のように、「イノベーション自体を生み出すプロセスには、生産性を持ち込まないほうがよい」という話であって、「生産性という概念をいっさい無視すべし」という話ではないのです。

同時に図表7からは、「生産性を意識しすぎると職場がギスギスする」とか、「効率を追い求めると仕事が楽しくなくなる」といったまことしやかな言説も決して正しいものではないとわかります。

働く人が疲弊するのは、付加価値の低

い、「自分がこれをやることにどんな意味があるのか？」と疑問に思えるようなオペレーショナルな作業を延々と続けさせられるときです。そしてギスギスするのは、そんな人ばかりが脇目も振らず、時間に追われ焦って働いている職場のほうでしょう。

そんな仕事はやめるなり機械化するなり、どんどん効率化することによって（＝生産性を上げることによって）余裕時間を生み出し、それらの時間をワークライフバランスの改善やイノベーションのために使えれば、職場の雰囲気もよほど明るくなるし、社員のやる気も引き出せます。

このように、「通常のオペレーション業務の生産性を向上→余裕時間を生み出す→その時間をイノベーションのために投資する→イノベーションにより、さらに大幅な生産性向上につなげる」ためにも、まずは組織全体に生産性を重視した働き方を定着させることが必要となるのです（図表8）。

技術的イノベーション vs. 非技術的イノベーション

時間的な余裕を生み出す「Time for innovation」に加え、「なんとしてもイノベーションを起こすことが必要だ！」というモチベーション（動機、「Motivation for innovation」）

を生み出すためにも、生産性の意識をもつことが大きな役割を果たします。

ここで本題に入る前に、イノベーションには技術的なイノベーションと、非技術的なイノベーションというふたつのタイプが存在することと、その違いについて説明しておきたいと思います。

技術的なイノベーションと非技術的なイノベーションは、その起こり方(起こるメカニズム)が大きく異なるのです。技術的なイノベーションの多くは、最初に画期的な技術が発見されたり、確立されたりすることから始まります。その技術がどのように社会や人々の生活を変えていくかは、想像はできるものの、最初から全体像を見極めることは誰にもできません。

人工知能、iPS細胞や遺伝子工学、宇宙開発に量子コンピューター――どれもこれも、これからの世の中を大きく変えるであろう研究分野です。これらの技術が身近に使われるようになれば、幅広い分野において生産性が桁違いに高められるでしょう。

しかし、それらが未来の社会を具体的にどう変えるのか、今はまだ見えていない部分もたくさんあります。最初にインターネットが世の中に現れたときも、今のようにモバイル端末を世界中の人がもち、常時ネットにつながることによって拡張現実まで可能になるなんて、誰にも想像できませんでした。

新たな特徴をもつ物質が見つかったり、今までの何万倍も速い速度での計算が可能になったり、画期的な技術の発見や発明が起こると、「この発見（発明）によって、未来の社会や生活がどう変わるのか」具体的にわからなくても、必ずなんらかのイノベーションにつながるのです。

しかし、非技術的なイノベーションはそうではありません。たとえば「貨幣制度の確立」とか「取引所の確立」といった経済的なイノベーション、「戸籍・住民票制度」や「裁判制度」といった社会制度上のイノベーション、「株式会社＝有限責任制度」という法律上、ビジネス上のイノベーションは、すべて非技術的なイノベーションです。

これら非技術的なイノベーションも、社会を大きく変え、関連分野の生産性を幅広く高めたという意味では、技術的なイノベーションと変わりません。しかしこちらは技術的なイノベーションとは異なり、「イノベーションの源が先に発見され、後から社会への適用方法が模索されてきた」わけではありません。

そうではなく、世の中に今ある具体的な問題を解決するために、誰かが「イノベーティブな発想」をして、それを制度化することにより実現したイノベーションなのです。

たとえば貨幣制度の場合、「物々交換では取引に時間がかかりすぎる。しかも、遠隔地に価値を送ることもできないし、価値を貯めておくこともできない」という現実社会の不便さや具体的な問題に対して「統一した貨幣を造って、すべてのモノの価値をその貨幣単位で表してはどうか？」という画期的な解決方法が提示されたことで実現したのです。

それは、経済の研究者が「何の役に立つかはわからないが、貨幣という概念を思いついた！」ところから始まるわけではありません。「何の役に立つかはわからないが、今まで存在が確認できていなかった宇宙線が観測できた」とか「どう役に立つかはまだ今後の研究次第だが、今まで不可能だった化学反応が起こせるようになった」という話とは、方向が一八〇度異なるのです。

技術的なイノベーションが起きる源は、「宇宙はどうやってできたのか？」「物質は何からできているのか」「生命とは何なのか？」といった、よくわかっていないことに関する人間の純粋な好奇心です。

最初は「そんなことがわかったからといって、何の役に立つのか？」と言われますが、細部にわたり研究が進み、それを人為的にコントロールする技術が確立すると、必ず大きなイノベーションが起こります。

一方、非技術的なイノベーションが起きる動機は、「目の前に、現実に存在する不都合や不便さ」と「それらの問題を一気に解決できる画期的な解を見つけたいという切実な思い」です。そしてこれこそが、生産性とイノベーションのもうひとつの関係につながるの

図表9　技術的イノベーションと非技術的イノベーションの発生メカニズムの違い

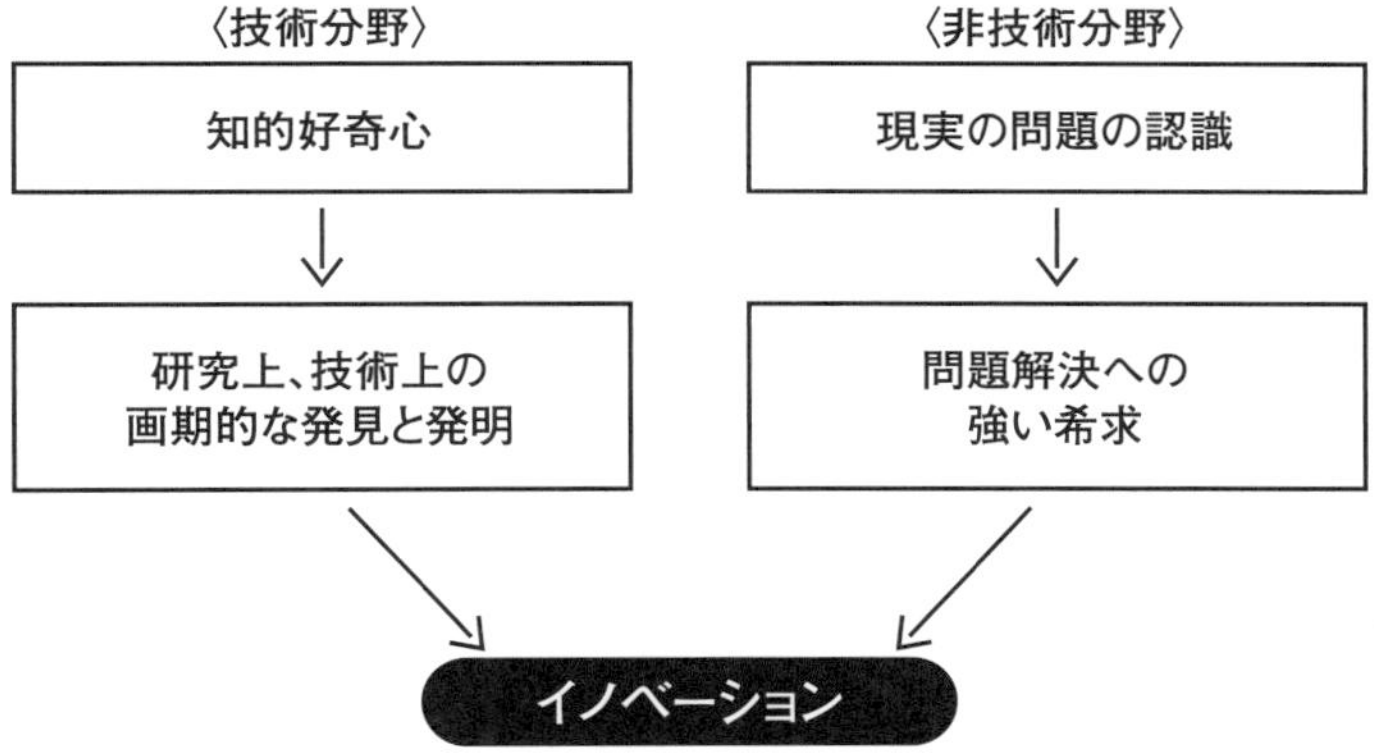

です（図表9）。

Motivation for innovation

社会全体ではなく、個別企業内で起こる技術的イノベーションと非技術的なイノベーション（以下、ビジネスイノベーションと称します）についても同じ構造があります。

技術的イノベーションの場合は、特定用途のために開発した素材がまったく別の分野で新商品につながることもあるし、ビッグデータの解析なども、やっている間に予想もしていなかった価値ある利用方法が見つかったりします。つまり、最終的にどう役に立つのか、最初からわかっていたわけではないというイノベーションも多いのです。

一方、ビジネスイノベーションが起こるには、その源として常に「問題認識」と「画期的な解決法への強い希求心」のふたつが必要です。それらなくして「突然ものすごくいいアイデアが見つかる」などということは起こりません。

だから、ビジネスイノベーションを起こすためには、社員に「問題認識力＝課題設定力」と「その問題を一気に解決したいという強い動機づけ」をもたせることが不可欠になるのです。これがまさに「Motivation for innovation」であり、そのために大きな役割を果たすのが「生産性という概念を日常的に、強く意識させておくこと」なのです。

ビジネス分野において、なんの問題意識ももたないまま「何か画期的なアイデアを考え、イノベーションを起こせ！」と命じられたらどうなるでしょう。そういうときに起こる現象を、私は「イノベーション　エイエイオー方式」と呼んでいます。みんなで拳を振り上げ、エイエイオー！　と叫んで気炎を上げる精神論的な手法を揶揄したネーミングですが、そんなやり方でイノベーションが起こることはありえません。

ところが現実には「アイデア出しのミーティング」とか「ブレーンストーミング」といった名称を使い、「イノベーション　エイエイオー方式」の会議がどこでも頻繁に開かれています。

そしてその結果として出てくるのは、イノベーションでもなんでもない「ちょっと目新しい商品」や「ちょっと突飛なアイデア」ばかりです。単純な例でいえば、今までイチゴ味とブドウ味のキャンディは存在したが、野菜味のキャンディはなかった。次の新商品はトマト味にしてみたらどうか、といったものです。もちろん結果として、トマト味のキャンディは大ヒットするかもしれません。それでもこれを、イノベーションと呼ぶ人はいませんよね。

思考というのは、制限が設けられるとそれをバネにして「今いるところとは異なる次元」に入っていくことができます。建築家からコンサルタントに転進した上司がよく、「広大な土地を与えられ、予算も無限、期限もないといわれたときに一番いい設計アイデアが出るわけではない。現実の建築案件にはいろんな制約条件がある。その制限の中でいかにいい物をつくるかという挑戦こそが新しい発想につながるのだ」と言っていました。

日本には一〇坪ほどの敷地に建つ極小住宅と呼ばれる一戸建てがたくさんあります。予算にも制限があるし、家族も四人いてそれぞれに譲れないリクエストがあったりします。とても困難な依頼に思えますが、そういった制限があればあるほど建築家は「今までにない画期的な手法」によって、その制限を超えようとします。その気持ちが、新しい設計方法や新しい建材の開発といったイノベーションにつながるのです。

もし新商品の開発会議において、「既存商品より生産性が四倍以上高い商品を開発しろ」と言われたら、「トマト味のキャンディはどうか?」という意見は、最初から検討の範囲外におかれます。トマト味のキャンディを、イチゴ味のキャンディの四倍の値段で売る(もしくは四分の一のコストでつくる)ことはできないからです。

それでも「とにかく四倍の生産性の実現を!」と言われたとき、初めて私たちは、四倍の値段で売れるキャンディに必要な付加価値とは何か、と考え始めます。そうすれば、賞味期限が何倍も長く、災害備蓄品として売れる商品が作れないか、虫歯を予防する機能を付加できないか、一日一粒で栄養失調状態を回避できるようにし、国際援助品として売れないかなど、さまざまなアイデアが出てくるはずです。

こうやって出てくるアイデアは、単に「何かいいアイデアはないか? 今までにない商品をみんなで開発しよう。エイエイオー!」と言って出てくるアイデアとは最初からレベルが異なります。

そして、そういった今までにない商品を開発して販売しようと思えば、商品開発から販売方法、マーケティング手法から配送方法までさまざまな分野で新たな発想が求められます。このようにビジネスイノベーションとは、「既存ビジネスの生産性を圧倒的に向上させられる方法は何かないのか？」と考えるところから生まれてくるのです。

しかも多くの場合、イノベーティブなアイデアを実行しようとすると、さまざまなリスクが浮かび上がります。イチゴ味商品のラインアップにトマト味を加えるくらいなら、失敗しても大きな問題にはなりません。しかし虫歯を予防するキャンディを作ろうと思えば、今までとは異なる設備投資が必要になります。販売実績もないので販路も確保できておらず、売れるかどうかもわかりません。

もし「何かいいアイデアを探そう」というエイエイオー方式で議論をしていたら、こういったリスクの大きなアイデアは、コスト増をおそれリスク回避を求める人の声に押され、途中で消えてしまう可能性が大きいのです。

しかし、もし最初に「四倍以上の生産性の実現を！」という制限がかかっていたら、リスクをとることは、もはや必然のこととなります。みんな、「何かを根本的に変えない限り、そんな高い生産性が実現できるはずがない」と理解でき、それにより、伴うリスクをとる必要性も理解できます——これも、単なるアイデア出し会議と生産性を強く意識した議論の大きな違いだといえるでしょう。

採用分野におけるイノベーション

マッキンゼーの採用マネージャーだった頃、私も採用の生産性を上げ続けることを毎年のように求められてきました。一年くらいなら、適性検査の採点方法を自動化するとか、履歴書審査の方法を変えるなど、細かい改善でも生産性は上げられます。しかし長期間にわたって生産性を上げ続けよと言われたら、改善だけ、コスト削減側だけのアプローチでは目標が達成できません。

そのような状況に追い込まれると、誰であれ「何か生産性を大幅に上げられる革新的な方法はないか？」と考え始めます。ビジネスイノベーションとは、このように恒常的に生産性の向上を求められる環境において、担当者が「改善的な手法はすべて試みた。他に何か画期的な方法はないか？」と考えるところから始まるのです。

たとえば一般的な採用プロセスでは、応募の後、「履歴書審査→適性検査→面接」という順番で応募者の絞り込みが行われます。誰でもわかっていることですが、この中で最も的確に応募者を評価できるのは面接です。面接より書類審査や適性検査のほうが、適切な選抜ができると考えている人事担当者など存在しないでしょう。

会ってみたら誰もがすばらしいと感じる応募者であっても、履歴書が美しくないがために門前払いされたり、筆記試験が不得意なため面接に進めず、落とされてしまう人もいます。実際に、他のコンサルティングファームを履歴書審査で落ちたという人を採用したら、マッキンゼーではパートナーにまで昇格したという事例まであったのです。

それなのになぜ、面接は最後になってしまうのか？　それは書類審査や適性検査に比べ、面接にかかるコスト（経費と時間）が大きいからです。このため通常は面接も若手社員による面接から始まり、最後に役員が面接するという順番で設定されます。これも後者のほうが人件費コストが大きいからです。

けれどこれでは、最初に面接をした若手社員にはとても理解できないほど器の大きな応募者が、役員に会う前に落とされてしまっているかもしれません。それでも上位管理職が最初に面接を担当できないのは、ひとえに「そのコストが高いから」（忙しいから）であり、いうなれば今の標準的な採用プロセスは、効果ではなくコストを重視して設計されているのです。

しかし、もし極めて生産性の高い面接の方法が編み出されれば、話は変わります。ひとり分の履歴書審査に三分かけている企業が、ひとりの学生の面接を三分で終わらせられる方法を見出せば、書類審査の前に面接を行うことも可能になりますよね。

通常の面接の場合、一対一で三〇分とか、学生三人に対して面接者ふたりで一時間といった時間がかけられますが、もし、ひとりで三〇人の応募者を一時間以内にスクリーニングできるイノベーティブな面接方法が編み出せれば、採用プロセスの最初に面接を行うことも可能です。ちなみにこれは、三〇分かけてひとりの学生を面接するのに比べ、一五倍も生産性の高い面接方法です。

こうしたビジネスイノベーションは、「書類審査や適性検査を先にやることで、すばらしい応募者を落としてしまっている可能性がある」という問題意識と、「書類審査や適性検査に匹敵するほど生産性の高い面接方法を、なんとか考え出せないか？」という画期的な解決方法への強い希求心から生まれます。

それは決して「採用においてイノベーティブな会社になるぞー！」と気合いを入れたり、「何かイノベーティブな採用方法がないか、みんなでアイデアを出し合いましょう！」という会議から生まれるわけではありません。

採用に関しては、今後、さまざまなイノベーションが起こると予想されます。日本でウォンテッドリー*という企業が始めた採用支援方法は、採用をしたい企業のトップやエンジニアなどのコア人材が、まだ転職活動を始めていない人たちとざっくばらんに話せる機会を設けることで、「就活も転職活動も始めていない潜在層＝非応募者」の採用を可能に

*https://www.wantedly.com/

しようとするものです。

他にもSNS上での活動を採用の参考にすると公表したり、ツイッターでの紹介応募を主要な採用ルートとするような技術系の企業も出てきています。学歴ではなく「もっている内定数」で学生をスクリーニングする、といったアイデアさえあります。今後は人工知能が応募者のSNS上の発言を分析し、個人と企業をマッチングするといったサービスも可能になるでしょう。

いずれにしても、採用のような非技術分野におけるビジネスイノベーションは、現状の採用方式への強い問題意識と、限られた予算と人的リソースでいかに卓越した人材を確保するかという、生産性向上への強い希求なしには生まれません。

「金と手間はいくらかけてもいいから、いい人材を採用しろ！」などという生産性度外視の方針では、人海戦術（応募数という量の拡大）と条件競争（高い報酬で応募者を惹きつける方法）しか生まれません。そんな発想では、イノベーションは起こりえないのです。

ビジネスイノベーションの格差

日本企業からイノベーティブな商品が出なくなった、という嘆きをよく聞きますが、技術分野に関しては昔とそれほど変わらないのではないでしょうか。今でも素材開発など、日本企業が革新的な研究開発を続けている分野はたくさんあります。また高度成長期の日本だって、イノベーションで世界をリードしていたというよりは、生産技術や加工の正確さなど、品質のほうがより高く評価されていました。

むしろ今の日本の問題は、ビジネスイノベーションの少なさです。具体的には、経営管理手法や組織運営法などマネジメント分野におけるイノベーション、ブランディングやプライシングなどを含めたマーケティング分野でのイノベーション、企画や人材育成など個人技に頼りがちな分野のイノベーションなどにおいて、後れを取っていることだと思われます。

古い話になりますが、半導体メーカーのインテルが行った「インテル入ってる（Intel inside）」の広告は衝撃的でした。これによりインテルは「インテルのCPUさえ入っていれば、どのパソコンでも性能は同じである」と消費者に伝えることに成功しました。これによりその後の消費者は「インテルの部品さえ入っていれば、高価なIBMやNECのパソコンを買わなくても、台湾製のパソコンで十分だ」と考え始めたのです。

この広告でインテルは「パソコンの部品メーカー」から、「事実上のパソコンメーカー」に昇格しました。一方「パソコンの組み立て作業はコモディティビジネスにすぎない」と印象づけられたIBMやNECは、その後いずれもパソコン事業を売却しています。「パラノイアしか生き残れない」といわれ、圧倒的な性能を誇る商品を他社に先駆けて次々と開発してきたインテルは、超一流の技術系企業です。それでもこの画期的な広告戦略がなければ、部品メーカーとパソコンメーカーの地位逆転など、起こりえなかったでしょう。インテルの成功には卓越した技術力だけでなく、非技術分野におけるビジネスイノベーションも不可欠だったのです。

iTunesからiPhoneに至るまでのアップルの成功物語にも、さまざまなビジネスイノベーションがてんこ盛りです。

まず、iTunesで音楽をダウンロード販売するサービスとともにiPodを販売したのは、ビジネスモデルのイノベーションです。世界中で膨大な量の商品を一斉に提供できるよう、巨大な中国系のEMS（Electronics Manufacturing Service）企業に製造を委託するという水平分業を取り入れたのも、生産体制上のイノベーション。

さらに、ライバルのウィンドウズやアンドロイド商品が売られる店舗に比べ、圧倒的に洗練されたアップルストアの店舗デザインや、極めてシンプルで洗練されたパッケージングなど、顧客コミュニケーションに並々ならぬ投資をしてアップル商品に高いロイヤリティをもつ顧客を育て上げたのも、マーケティング上でのイノベーションです。

今では、街でアップルストアを見ても誰も驚かなくなってしまいましたが、私たちはそれを目にするまで、あれほど洗練されたデザインの店で売られる情報機器など、見たことがなかったはずです。

ちなみに今、アップルストアはその名称から〝ストア〟の文字を消し始めています。日本でも「Ａｐｐｌｅ Ｓｔｏｒｅ表参道」は「Ａｐｐｌｅ表参道」に変更されます。これは物理的な拠点がもはや物を売る場所＝ストアではなくなる、ということを先取りしての名称変更でしょう。

このようにイノベーションは技術分野だけでなく、ビジネスのあらゆる分野で起こりえます。しかし日本では、技術分野でのイノベーションに比べて、非技術分野におけるビジネスイノベーションがあまりにも目立ちません。

私はこの理由の一端が、非技術部門における生産性概念の希薄さにあると考えています。前述したように技術分野のイノベーションは、純粋な知的好奇心や研究中の偶然からも生まれます。しかしビジネスイノベーションを起こすためには、「一気に生産性を上げて、現状の問題を解決できる画期的な方法はないか？」という強い希求心が必要です。だから生産性を上げることへのこだわりを欠く組織からは、「ちょっとおもしろいアイデア」

レベルのものしか出てこないのです。

日本で生産性の概念が根づいているのも、そして最も多くのイノベーションが起こっているのも、技術分野であり製造業です。生産性という概念が根づいた分野で多くのイノベーションが起こっているのは、必ずしも偶然ではないでしょう。

経営や財務、マーケティングや人材育成などあらゆる分野でイノベーションを起こそうとする世界の競合に対し、日本企業が技術分野のイノベーションだけで立ち向かっていくのは、今後ますます難しくなります。

組織全体で生産性の概念をより深く理解し、毎年、不断に生産性を上げていくのだという強い気持ちを組織全体で共有することにより、「Time for innovation」と「Motivation for innovation」を着実につくり出していく――それこそが今、求められていることなのです。

第3章

量から質の評価へ

会議の時間短縮は正しい目標ではない

ビジネスパーソンの多くがその非効率さを実感しているのが、会議の時間ではないでしょうか。海外からの皮肉じみたジョークには、「日本人は会議の開始時刻には厳密だが、終了時刻には極めてルーズだ。しかも誰もそのことを悪いとは思っていない。開始時刻にルーズなイタリア人と、終了時刻にルーズな日本人には何の違いもない」というものさえあるほどです。

この問題への対処方法として、会議時間の上限を決めたり、座らず、立ったまま会議を行うことにしたり、会議に使う説明資料を一枚に制限したりするなどさまざまな工夫が行われています。

問題意識をもち、対策を実行するのはいいことですが、残念ながらこれら施策の大半は、「会議の時間を短くする」方法であって、会議の生産性を上げるための方法ではありません。

最もわかりやすいのは、すべての会議の時間を二時間とか一時間に制限してしまう方法です。そうルール化すれば確実に会議時間は短くなります。しかしこれでは、「今まで二時間を無駄にしていたが、今は一時間しか無駄にしていない」だけかもしれません。もちろん今までよりはマシですが、決して望ましい状態とはいえないでしょう。

このように会議の問題を「時間が長いこと」だと考えると、問題がズレてしまいます。たとえ会議時間が長くても、その中身が極めて濃い議論で埋まっており、たとえば合宿形式の会議で二日間かけて、今期の事業方針が詳細まですべて確定できたのであれば、誰もその会議を「長くて無駄だった」とは感じないはずです。

反対にたった一時間の会議でも、参加者の大半が「なんて無駄な時間なんだ」と感じる会議はたくさんあります。大事なのは会議の時間（＝量）を短くすることではなく、会議の質をコントロール（向上）することなのです。

量のコントロールをいくら行っても、質の向上にはつながりません。会議の配布資料を一枚に限定した企業では、印刷フォントがとめどなく小さくなり、かつ、一枚の紙に趣旨の異なる情報がいくつも詰め込まれ、極めてわかりにくい資料になってしまうという本末転倒な事態まで起こっています。これでは、「正確かつ迅速に情報を共有する」という資料の質を犠牲にして、量＝資料の説明時間やコピー代を節約しているようなものです。

立って会議をする方法は、「疲れてくるから長く会議が続けられない」という量のコントロール効果と「立っていると居眠りもできず、議題に集中できる」という質の向上効果の両方に期待する施策です。

質の視点が入っていることは評価できますが、この方法では、最初の集中度が最も高く、時間がたつにつれ参加者が疲れてきます。このため、最初の案件は熱心に討議された一方、最後の案件には「足が疲れたから早く決めよう」という内容の重要さとはまったく関係のないプレッシャーがかかってしまったりします。

多くの人が会議時間の無駄に問題意識をもっていること、そして実際に何らかの解決策を試行していることは高く評価できます。しかし目標とすべきは「会議の時間を短縮すること」ではなく「会議の生産性を上げること」だという出発点に、今一度たち戻る必要があるでしょう。

残業規制も量のコントロールにすぎない

会議時間の短縮に加え、多くの企業は残業時間の削減にも熱心です。残業には割増賃金が支払われるため、「同じ仕事をより長い時間かけて終わらせたほうが収入が増える」＝「生産性を下げたほうが収入が増える」という、生産性を向上させるうえでの逆インセンティブとなる大きな問題が存在しています。

このため最近は、一定時間以上の残業には特別な許可を必要としたり、ノー残業デイを設ける企業も増えています。しかしこちらも、残業時間という量の抑制だけでは不十分です。なぜなら問題の本質は「残業を少なくすること」＝量のコントロールではなく、「仕事の生産性を上げること」＝質のコントロール（向上）だからです。

一カ月の残業時間の上限を全員一律に決め、特定曜日の残業を禁止するだけだと、認められた残業時間をめいっぱい含めた総労働時間が「適切な労働時間」として認識され、定着してしまいます。

そういった環境では、労働時間がその時間内に収まっている限り、より労働時間を短くしようという動機は誰にも発生しません。たとえ外部環境の変化により仕事量が減っても、規定の残業時間を含めた総労働時間をすべて使って、(今までより減った)仕事をしていればよい、ということになります。

また、夕方の残業ができないからと早朝出勤をしたり、残った仕事を家に持ち帰ったり、もしくはパートや派遣スタッフを雇ったりすれば、「労務管理上の正社員の残業時間は減ったが、組織の生産性は上がっていない」という事態も起こりえます。

大事なことは、残業を減らすことでも残業代を減らすことでもありません。目指すべきは「仕事の生産性を上げること」であり、その結果として残業時間、というより労働時間そのものが減るのが目指すべき姿なのです。

加えて残業時間を減らそうという運動は、残業が目標時間まで減ったところでゴールに達してしまうのに対し、生産性向上の試みはエンドレスに続けられます。だから残業を減らすことだけを考える企業と、生産性を高めようと継続的な努力をする企業では、長期的に到達できるゴールの高さもまったく違ってしまいます。

このように会議であれ残業であれ、必要なのは量のコントロールではなく、その質をいかに高めるかという発想です。

数十年前、私が社会人として働き始めた頃、日本企業の多くは売上高や市場シェアの大きさを競い合っていました。当時はそれらが、業界のトップ企業を決める指標だったからです。

しかし今は、その基準も大きく変わりました。海外の機関投資家が増えたため、多くの企業が利益率やＲＯＥ（資本利益率）など率の数字を、経営指標として重視しています。企業の質＝優良性は規模ではなく、高収益か、資本効率の高い企業かといった率によって判断されるようになったのです。

これは、「企業を評価する基準が、量から質へと変化した」ことを示しています。今求められているのも、会議時間や残業時間ばかりを気にする＝労働の量を指標として使う経営ではなく、社員の生産性がどれほど高いのか、組織全体の生産性はどれほど上がったのかという労働の質を評価する経営への移行なのです。

働き方を変える上司のひと言

残業や会議の時間短縮には熱心な会社においても、「できるまで頑張るべき」＝「高い成果さえ出せば、投入時間がいくら長くても問題はない」という考え方は根強く残っています。

社員の評価を仕事の成果の絶対値（量）だけで行うと、「徹夜をしてでもよい仕事をする」「どんな犠牲を払ってでも、どれだけコストをかけてでも、より高いレベルの仕事を目指す」といった頑張り方を肯定してしまいます。

それは「生産性がどんなに低くても、最終的に出てきた結果がよければ、何の問題もない」という労働力投入型の発想であって、「高い成果を高い生産性で生み出してこそ高い競争力が維持できる」という労働の質を問う発想ではありません。

「できるまで頑張る！」「とにかく頑張る！」といった働き方は、往々にして精神的な高揚感を伴うため、これに慣れてしまうと、「よい仕事はできたが、たいして儲かっていない」（時には、赤字だった）、「よい仕事はできたが、組織も人も疲弊してしまった」「ひとつのプロジェクトにすべての人材リソースを注ぎ込んだため、その案件は成功したが、他のプロジェクトでは問題が噴出した」という事態にもつながります。

そういった風潮を変え、量から質への意識転換を促すためには、正式な評価制度や研修制度だけでなく、日々の職場における上司の何気ないひと言も大きな影響を与えます。

たとえば、スタッフが徹夜して仕上げてきた資料の出来がとてもよかったとしましょう。それを見て「すごいな！　よく頑張った！」と上司が褒め、高い評価を与えれば、そのスタッフは次も徹夜をします。それを見ている周りのスタッフも同じことを始めます。この上司の言葉は「仕事の出来と、徹夜をして頑張ったこと」をセットで褒めていると解釈されてしまうからです。

これでは結局のところ、組織の意思として長時間労働を推奨しているのと何も変わりません。そうなれば、育児や介護など家庭の事情がある人は、「自分はこういう職場では高い評価を得にくい」と考えてしまいます。

そうではなく、上司は部下に「資料はよくできている。すばらしい。ところでこれは、いったい何時間かけて作ったんだ？」と問うべきなのです。

「徹夜しました」と言われたら、「徹夜!?　じゃあ、おとといからやってるから全体で三〇時間くらいかけたのか？　なるほど。今回の資料は本当にいい出来だから、次はこのレベルの資料が一五時間くらいでできるようになったら一人前だな。そうなったらすごいと思うよ」と褒めるべきなのです。

反対に、ごく短い時間で仕上げたと言われたら、「それだけの時間でこのレベルの資料を完成させられるなんてすばらしいな。どういうやり方で情報収集や分析をやっているのか、ぜひ次の会議でみんなに方法論を共有してくれ」と褒めればよいのです。

日常的にこういう褒め方をしていれば、本人はもちろん、それを耳にする全スタッフが「どうやったらより短い時間で高い成果を出せるようになるか」と考え始めます。職場の全員に生産性の意識が芽生えるのです。

こうして、「あの人は本当に優秀だ」と目される人が、長時間オフィスに滞在し、ものすごい量の仕事をこなしている人ではなく、どれだけ仕事が集中しても、明確な優先順位づけと迅速な意思決定、そして高いスキルによって、みんながびっくりするほど早く仕事を終わらせてしまう人のことを指す職場となるよう変えていくこと――経営者、そして管理職の役割には、そういった意識改革を起こすことも含まれているのです。

成長とは「生産性が上がる」こと

そもそも「成長する」とは「生産性が上がる」ということに他なりません。より具体的にいえば、成長する＝生産性が上がるとは、

①今まで何時間かかってもできなかったことが、できるようになった
②今まで何時間もかかっていたことが、一時間でできるようになった
③今まで一時間かかって達成していた成果よりはるかに高い成果を、同じ一時間で達成できるようになった
④②や③で手に入った時間が、別の「今までは何時間かけてもできなかったこと」の

図表10　生産性向上による成長サイクル

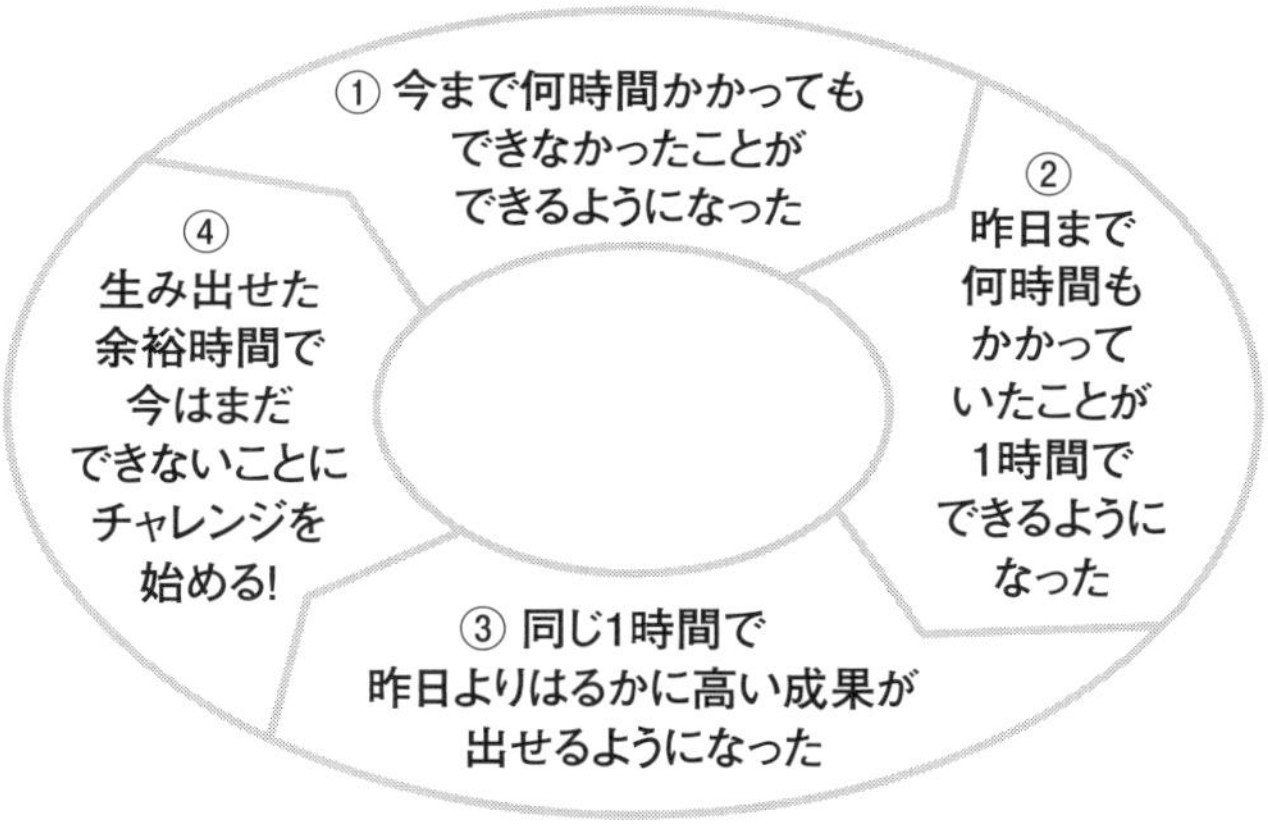
① 今まで何時間かかっても
できなかったことが
できるようになった
②
昨日まで
何時間も
かかって
いたことが
1時間で
できるように
なった
③ 同じ1時間で
昨日よりはるかに高い成果が
出せるようになった
④
生み出せた
余裕時間で
今はまだ
できないことに
チャレンジを
始める!

ために使われ、①に戻るというサイクルが繰り返されることです（図表10）。いうなれば成長するとは、「生産性が上がること」と同義なのです。

成長意欲の高い人の中には、日中はめいっぱい仕事をし、家に帰ってから新しいことを勉強するために時間を投入する人もいます。私たちはそういう人を「向学心があり成長意欲が高い」と賞賛します。

たしかに目の前の仕事をこなすのに手いっぱいで、新たな勉強が何もできていない人よりはマシでしょう。しかしこれは、家に帰ったら家事も育児もまったく手伝わない、昭和型の男性社員にしか許されない成長方法です。家では家事も育児も介護もしない、コミュニティ活動もボランティア活動もしない、趣味もない、仕事人間のための成長法なのです。

こういうスタイルしか存在しないと、育児や介護に時間をかける必要が出てきた時点で、まったく成長できなくなってしまいます。もしくは、「今は仕事もしっかりこなし、自分にも投資したい時期だから、育児休暇などとてもとれない」という男性がいつまでたっても減りません。

そうではなく、仕事の生産性を上げ、目の前の仕事だけでなく今後の成長のための投資や新しいチャレンジもすべて労働時間内でやりきれるようになる、そうなることを目指す——そういう意識に変えていかないと、プロフェッショナルとしての成長には、常に個人生活の犠牲がセットでついてきてしまいます。

成果主義も量から質の評価へ

現場の管理職の評価基準にも生産性の概念を取り入れることが必要です。そうでないと往々にして次のような事態が起こります。

〈生産性の向上を求められず、成果の絶対量を増やすよう求められた場合の管理職の行動〉

- 部下にサービス残業をさせてでも成果を極大化する
- 自分が残業や休日出勤をして成果を極大化する
- できない社員を育てるより、できる社員に大量の仕事を割り振る
- 自分の裁量で採用できるバイトや派遣社員を増やす
- 部下が育児休暇や有給休暇を取得することを好ましく思わない
- フルタイムで働けない人が自部門に配属されることを嫌がる

ひと言でいえば、成果の絶対量だけを評価する組織では、誰も彼もが「より長い時間、働ける人」ばかりを求めるということです。なぜならそうすることが、彼らにとって合理的な判断だからです。

しかしこの方法では、一時的に成果を上げることはできても、遠からず限界が訪れます。部下はどこかの時点で「これ以上は無理」と感じ始めるし、管理職が自分の時間を投入して穴埋めを続けていたら、心か体のいずれかを壊してしまいます。労働力の追加投入によって成果を上げ続けるのは、持続可能な方法ではないのです。

さらにそんなことを続けていたら、生産性が圧倒的に高いアタッカー企業や海外からの

競合企業が出現したとき、まったく太刀打ちできないほどにコスト高な（生産性の低い）組織になってしまっている可能性が高いのです。

一方、「昨年より部門の生産性を上げること」を管理職の評価基準にすると、労働力投入型の成果の出し方は、どれもすべてマイナス評価につながります。評価が高くなるのは、次のようなことを実現した管理職です。

〈自部門の生産性向上を評価基準として与えられた管理職が目指す状況〉

- 自分や部下の残業時間が昨年より○○％減少した
- 休日出勤をするスタッフがほとんどいなくなった
- できない社員のスキルアップを図り、できる社員への仕事の集中度を緩和した
- バイトや派遣社員を減らした
- 部下の有給休暇取得を奨励し、取得率が上がった
- フルタイムで働けない人材や、育児休暇をとる社員にも働きやすい職場環境を整え、男性社員の有給休暇取得率や育児休暇取得率が上がった

評価基準が変われば、現場の働き方は変わります。現行制度の大きな問題は、評価基準に生産性の概念が入っていないこと――すなわち、労働の質ではなく労働の量を評価する仕組みになってしまっていることです。

そもそも成果主義の人材評価システムがうまく機能しないのは、評価されるべき成果を、「質」ではなく「量」で測ろうとしたからです。どれだけ労働時間を投入しても高い成果さえ出せば評価されるのであれば、多くの人が持ち帰り仕事や土日の在宅勤務をしてでも、成果を高めようと考えます。

また、自分で目標を立て、その達成度合いに応じて評価される目標管理制度についての「目標を低めに立てたほうが得をするおかしな制度」といった批判がつきまとうのも、その目標が量で決められているからです。

どこの分野でも同じですが、今の時代、継続的に右肩上がりの目標を掲げられる分野は多くありません。それなのに毎年毎年、昨年より高い成果目標を立てろと求められたら、誰だって「今年は少し抑え気味の目標にしておこう」と考え始めるでしょう。これが「目標を低めに立てたほうが得になる制度」を生む理由です。

そうやって「頑張らなくても達成できる目標」を毎年小出しにしていたら、評価は維持できても成長はまったくできません。そんな状況が組織のあちこちで起こってしまうのでは、手間暇をかけて新しい人事制度を導入しても逆効果です。

そうではなく、成果も達成目標も生産性の伸びによって設定すればいいのです。そうすれば目標に上限もなくなるし、毎年ごくわずかの生産性の向上でも、長年続ければ大きな進歩となります。

また、生産性を高めることができれば評価が上がるだけでなく、自分自身も成長できます。加えて（前述したように）イノベーションへの希求も生まれるし、それによって企業の競争力も高まります。量ではなく質を重視する組織になる。成果の絶対量の大きさではなく、生産性の伸びを評価する組織になる——これが今後の組織づくりにおける重要なポイントなのです。

管理部門の生産性評価は時系列で

最後に、どこの組織においても評価が最も難しい管理部門の評価方法について触れておきます。人事や総務、法務といった管理部門では、数値的な業務目標を掲げること自体、困難な場合がよくあります。

管理する法律文書の数を増やすとか、係争中の案件の解決数を増やしたり減らしたりといった目標を、法務部が成果目標として掲げることはできません。だから成果主義という人事制度が〝流行ったとき〟には、多くの企業が管理部門の目標設定に戸惑ったのです。

このため管理部門の評価には、（代替的に）スキルベースの評価が使われることも多いのですが、スキルの評価は成果の評価ではありません。資格取得や語学研修などスキルを高めるため〝お勉強〟に励む社員がいくら増えても、必ずしもその努力が仕事の質や成果の高さに結びつくわけではありません。

一方、生産性が向上したかどうかを評価するのは、紛れもなく成果に対する評価です。つまり生産性の伸びを評価基準とすることで、管理部門においても成果に基づく評価（量を評価する従来の成果主義ではなく、質を評価する成果主義）が可能になるのです。


管理部門における人材評価でもうひとつ難しいのが、人事と経理、総務と法務といった異なる部署間の評価に、一貫性や公平さを保つことです。しかしここでも、生産性という評価軸の導入が役立ちます。

生産性とは、「一定の成果を生み出すために、どれだけの資源が使われたか」という比率、もしくは「一定の資源を使って、どれほどの成果を生み出したか」という比率です。この生産性を、昨年よりどれだけ上げたかという「比率の変化率」を評価に使うことで、

図表11　成長と生産性の関係

今年の評価
＝
生産性
の変化率

$$\frac{\dfrac{\text{今年の成果}}{\text{今年の投入資源}} = \text{今年の生産性}}{\dfrac{\text{昨年の成果}}{\text{昨年の投入資源}} = \text{昨年の生産性}}$$

異なる部門の横比較が可能になるのです（図表11）。

「比率の変化率」を評価するのであれば、生産性の分子と分母に使われる数字が各部門で異なっていても問題はありません。各部門は、自部門にとっての重要な指標を成果に、その実現のために投入される資源を分母に設定し、その比率である生産性を昨年よりどのように改善するかと考えればよいのです。たとえば採用部門であれば、一〇〇人の会社説明会参加者のうち、最終的に採用できた学生の数（その比率）を昨年より数％上げることを目標にする、といった具合です。

そしてその評価は、それぞれの部門の上位管理職が

【特A評価】

●画期的なイノベーションにより、生産性が大きく上がった

【A評価】

- 地道なインプルーブメントにより生産性が上がった
- 成果はまだみえていないが、イノベーションのための投資も行っている

【B評価】

- 地道なインプルーブメントにより生産性が上がった
- しかし、イノベーションにつながる投資にはまだ手がついていない

【C評価】

- 生産性の明らかな上昇がみえない

【D評価】

- 生産性を上げようという工夫が行われていない
- 生産性が昨年と変わらない。もしくは下がった

といった基準に沿って行えば、異なる業務を担当している管理部門でも統一的な成果基準を導入できます。

外部と比較したいときは、同業界で同規模の、他社の生産性を参考にするという方法もあります。マッキンゼーでも日本の採用グループの生産性は、アジア諸国のマッキンゼー

の採用グループ、そして、他のコンサルティングファームの採用グループの生産性などと比較されていました。

こういった外部との比較視点があると、管理職は時系列に生産性を上げるだけでなく、業界の中でも、もしくは国際的な比較の中でも自部門の生産性を上げようという気持ちになるし、自分のグループよりはるかに高い生産性を誇るグループがあれば、そのやり方を研究し、自分の組織にも導入しようと考え始めます。

また継続的に生産性を上げていけば、管理部門のマネージャーも自部門の進化を実感できるようになります。「去年もいい仕事をした」「今年も頑張った」といった毎年おきまりの抽象的な評価ではなく、去年と今年では、何がどう進歩したのかを明示的に把握できるようになり、管理部門で働く人のモチベーションにも好影響が与えられるのです。

こうして生産性を評価基準に取り入れることで、社員もまた「出した成果の絶対量ではなく、成果の出し方＝労働の質」に意識を向けるようになるのです。

第4章

トップパフォーマーの潜在力を引き出す

人材育成上の隠れた重要課題

組織力の向上のために量から質への意識転換を進めるのと同じくらい重要なのが、トップパフォーマーの成長ポテンシャルを最大限に引き出すことです。もちろん本来は、組織に属するすべての人の生産性を引き上げるのが理想です。しかし伸び代の大きな層にフォーカスをすれば、より効率的に組織全体の生産性を高めることができます。

トップパフォーマーの育成については、その問題意識が広く共有されているとはいえません。そこで本章ではこの問題の背景と本質、そしてとるべき方策について説明します。

図表12 トップパフォーマーの定義（イメージ図）

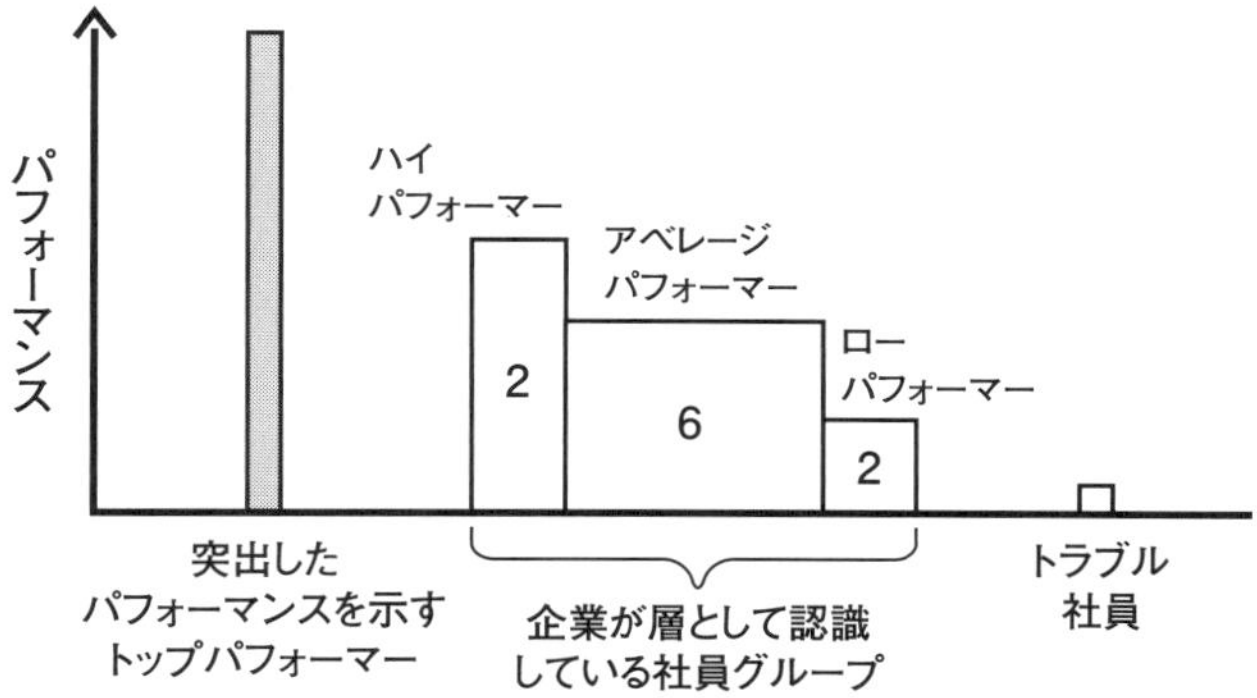

▶トップパフォーマーとトラブル社員はいつのまにか退職し、
ともに「組織不適合」であったとみなされてしまうことも多い

トップパフォーマーとは、卓越したパフォーマンスを示すごく一部の社員のことで、特定のポジションについている人のことではありません。

新卒で入社して二年もたてば、どこの組織にも同期とは明らかに異なるレベルのパフォーマンスを示す社員が現れます。入れ替わりはありますが、五年くらい働いた層、一〇年くらい働いた層、課長職、部長職など、あらゆる階層において、誰からみても秀でた業績を上げている社員がいるはずです。

人材の能力別割合に関してはよく〝二対六対二〟という言葉が使われますが、ここでいうトップパフォーマーとはそれよりさらに限定的で、せいぜいトップ数パーセントといったイメージです。小規模な組織なら、数年にひとり現れる程度の人材と考えてください（図表12）。

こういったトップパフォーマーは大きな組織には必ず存在していて、時には（入社時ではなく）キャリアの途中から力を発揮し始め頭角を現す場合もあります。

彼らは同期との比較ではもちろん、数年上の社員よりはるかに出来がよいため、本人も周囲も、その成長スピードに問題意識をもっていません。しかし彼らの本来の力（成長ポテンシャル）と比べると、その多くは必ずしも十分に力を発揮できていないのです。

図表13は、トップパフォーマーと一般社員の、成長ポテンシャルと現実に発揮している力の比率を示すイメージ図です。

この図で伝えたいのは、現実に発揮している実力をその人がもつ潜在的な力で割った「潜在能力当たりの生産性」において、トップパフォーマーの生産性が一般社員よりかなり低いということです。

研修プログラムにしろＯＪＴにしろ、多くの企業は育成の主眼を平均的な社員に設定するため、トップパフォーマーの力がうまく引き出せていません。それでも目に見える部分では、トップパフォーマーの成果は一般社員の中のハイパフォーマーさえも上回っていま

図表13　社員のパフォーマンス別潜在能力の発揮割合

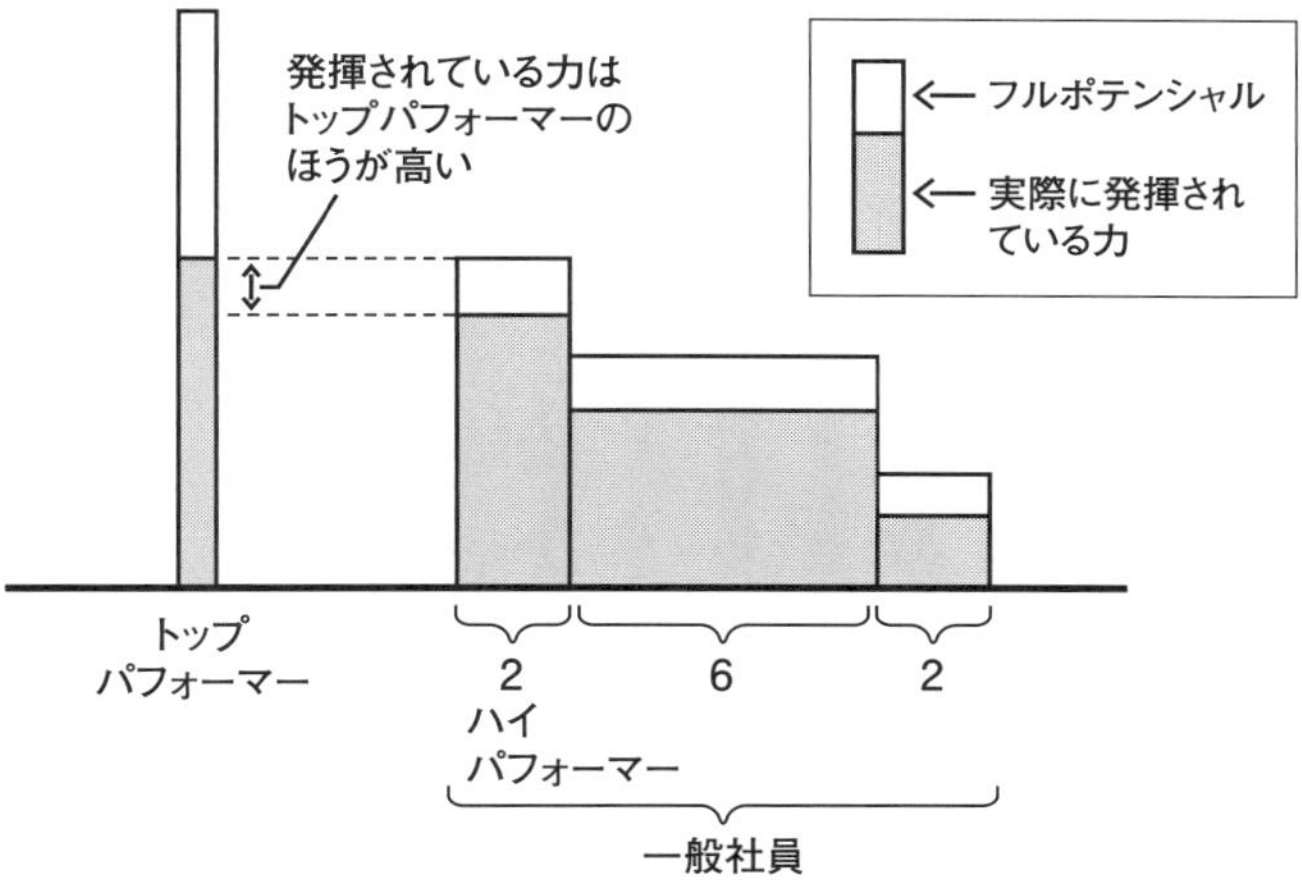

す。このため、誰も彼らの育成に問題が生じているとは気づかないのです。

さらに深刻な問題は、トップパフォーマー自身も自分の成長が抑制されていることに気づいていないということです。人事考課では常に高い評価が得られるため、「自分はこのままでいいのだろう」と安心してしまうからです。

「トップパフォーマーなら放っておいても勝手に成長する」と考える人もいます。しかしアスリートの世界をみてもわかるように、卓越した才能をもつ選手であっても、コーチやトレーナーからの適切な支援なしに自分の潜在力を最大限に引き出すのは容易ではありません。

また、トップパフォーマーの潜在力を

引き出すためには、同じレベルにある仲間との切磋琢磨が不可欠ですが、彼らの多くは日常的に「自分よりできない人」とばかり働いています。

国内では高い評価を受けていても、世界に出ると自分の未熟さを痛感させられる機会が多いアスリートと異なり、彼らは組織や業界を超えて、もしくは国を超えて「自分より圧倒的にできる社員」と出会う機会がほとんどありません。このため本人は「自分には、さらに高い場所を目指す必要がある」という意識さえもてないままになってしまうのです。

優秀な人材を失うリスク

「優秀な人材の採用が難しい」と嘆きながら、今の何倍も活躍できる社員の可能性を放置してしまうのは、本当にもったいないことです。また、彼らの潜在能力を無視し続けることには、さまざまなリスクも伴います。

トップパフォーマーが自分の成長スピードが遅いと気づくのは、外部と接したときです。海外留学をして、自分と同い年なのにリーダーシップにも組織運営力にも圧倒的に秀でた人と出会えば、どういう場所でどういう経験を積めば自分もそうなれるのか、自然に考え始めるでしょう。

図表14 社外のトップパフォーマーとの比較

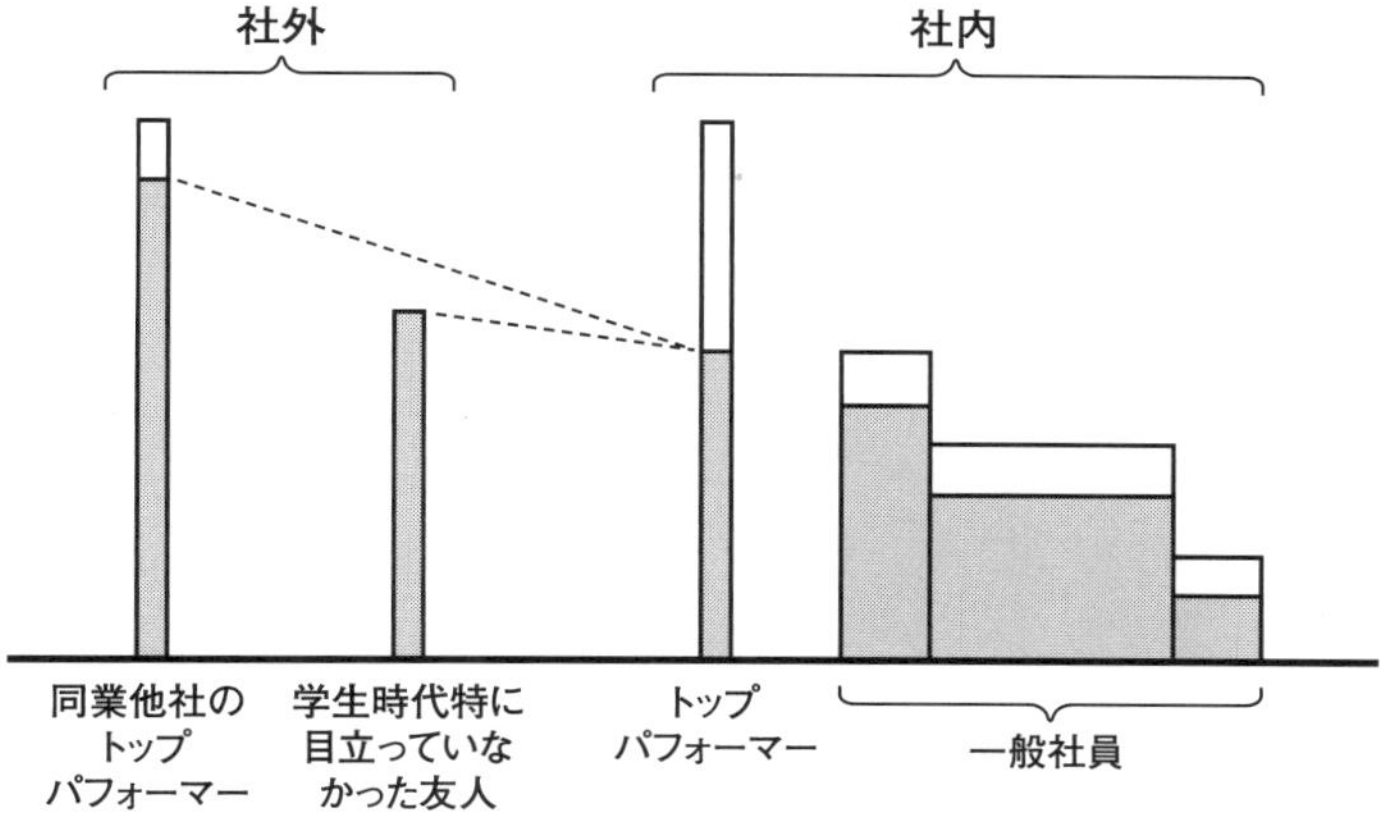

同業者で集まっての勉強会やネット上での交流を通して、学生の頃には自分と変わらなかった誰かがものすごい勢いで成長し、着々と実績を上げているのを見れば、「はたして自分はこのまま今の場所に居続けていいのか?」と疑問をもち始めるはずです(図表14)。

外資系企業やベンチャー企業に優秀な社員を引き抜かれた日本企業の中からは、「若くても高い給与を払える企業に人材を引き抜かれた」といった恨み節も聞かれますが、そういった認識でいる限り、優秀な人材の流出が止まることはありません。

彼らが転職や起業をするのは高い報酬のためなどではなく、自分のフルポテンシャルを発揮できるチャレンジングな環境を求めてのことです。以前の職場では一度も求められたことのない、十分以上に高いゴールを与えられ、そこに到達することを期待され、それによって自分もさらに成長できると気づくから、転職を決断するのです。

彼らにそういった機会を与えるのは、年功序列的な給与体系をもつ組織においても十分に可能なことです。にもかかわらず「社内規定通りの高い評価を与えているだけ」では、どこかの段階で離職につながってしまいます。

外資系企業やベンチャー企業では、卓越した社員を短期間に育て上げることで彼らを新規事業の責任者に抜擢でき、それによって新事業を拡大するなど組織全体のパフォーマンスも大幅に向上できるため、概してトップパフォーマーの育成に熱心です。

マッキンゼーでも、「トップパフォーマーの成長の足踏み」を防止するため、さまざまな工夫を行っています。トップパフォーマーだと認識されれば、年次にかかわらず、すぐに昇格させるのもそのためです。

同社では、冗談めかして「マネージャーに昇格させられてしまった」という言葉を聞くことがあります。これは「あと半年、昇格させられずに前のポジションのままいられたら、すごくラクだったのに」という意味です。

高いパフォーマンスを上げているコンサルタントにとって、昇格タイミングの遅れは、その分の期間、ラクに仕事ができるということを意味します。早めに昇格してしまうと、給料が上がる分以上に仕事がきつくなるので、「昇格させられてしまった」という言葉が出てくるのでしょう。

同社ではたとえ役員になっても、「up or out」（昇格か解雇か）の原則が適用されるため、「早く昇格しても首になるタイミングが早まるだけ」と自嘲的に笑う人さえいました。

このように、「今の仕事ができるようになったら間をおかず、すぐに昇格させる」のは、ポテンシャルの高いトップパフォーマーが、ラクな状態で働く期間をつくらないためです。それは、成長のためには明らかに無駄な期間です。だからさっさと昇格させ、早めに「簡単にはできないこと」にチャレンジさせるのです。

海外支社への赴任や、新規プロジェクトへの任命にも同様の趣旨があります。「母語で成果を出せることはすでに証明された」とか「信頼関係の盤石なクライアントとのプロジェクトでは、あいつにはラクすぎるだろう」という判断がなされると、すぐに別の環境でチャレンジさせようという話になり「海外で働いてみないか」「非日系クライアントの仕事をしないか」といった声がかかります。

つまりマッキンゼーのような組織では、パフォーマンスの高い社員ほど厳しい環境で働くことを求められるのです。これは、パフォーマンスの高い社員ほどラクに仕事ができてしまう組織とは一八〇度異なる環境であり、これこそが、卓越した人材を数多く輩出できる組織の力につながっているのです。

異動のタイミングと成長カーブの関係

図表15は、横軸に入社からの期間、縦軸に本人の成長レベルをとったイメージ図です。誰であれ、初めて社会人になった直後や、新しい仕事にチャレンジすることになった当初の何年間かは、成長スピードが速くなります。しかし数年がたって仕事に慣れてくると、成長スピードは次第に鈍化します。

そこで多くの企業では、成長が鈍化し始める直前に人事異動を行い、新たな成長機会を与えて成長カーブを維持しようとします。そして、その後また数年たち仕事に慣れ始めると、異動が行われる——これが一般的な異動と成長カーブの関係です。

問題は、この異動のタイミングがアベレージパフォーマー向けに設定されているということです。このため全員に同じパターンの人事異動を適用すると、図表16のように、優秀であればあるほど成長できない期間が長くなってしまいます。これは、トップパフォー

図表 15　一般的な定期異動と成長カーブ

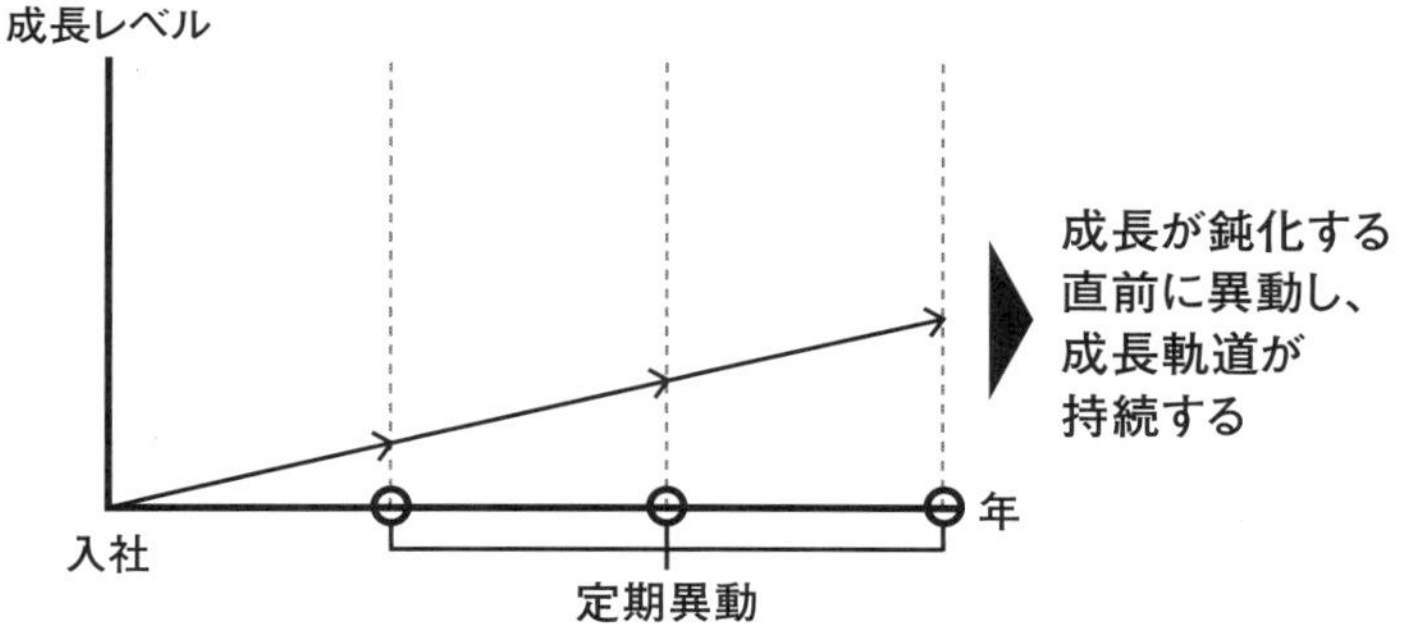

図表 16　一般的な定期異動の下での
トップパフォーマーの成長カーブ

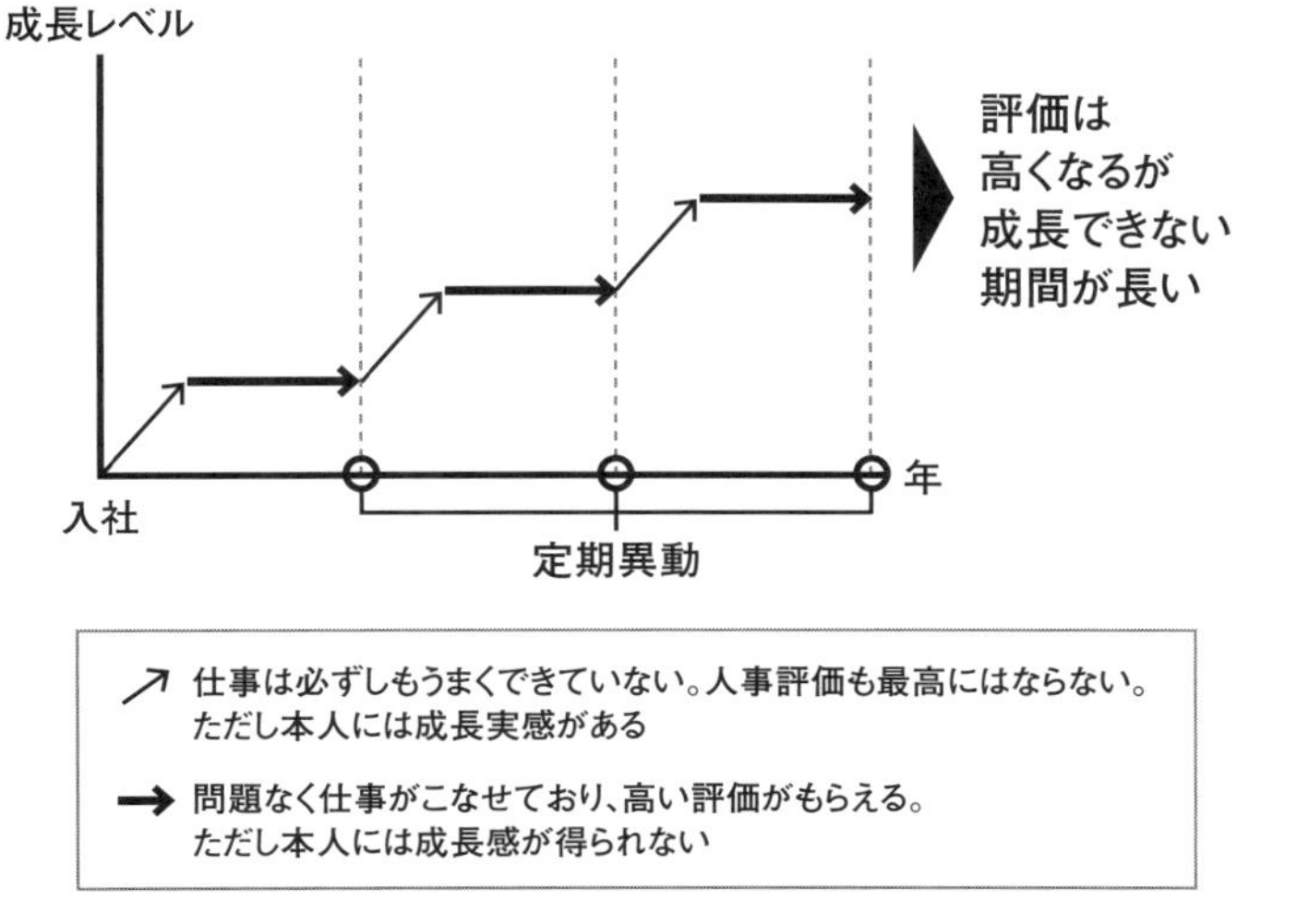

図表17　特別な育成プラン下におけるトップパフォーマーの成長カーブ

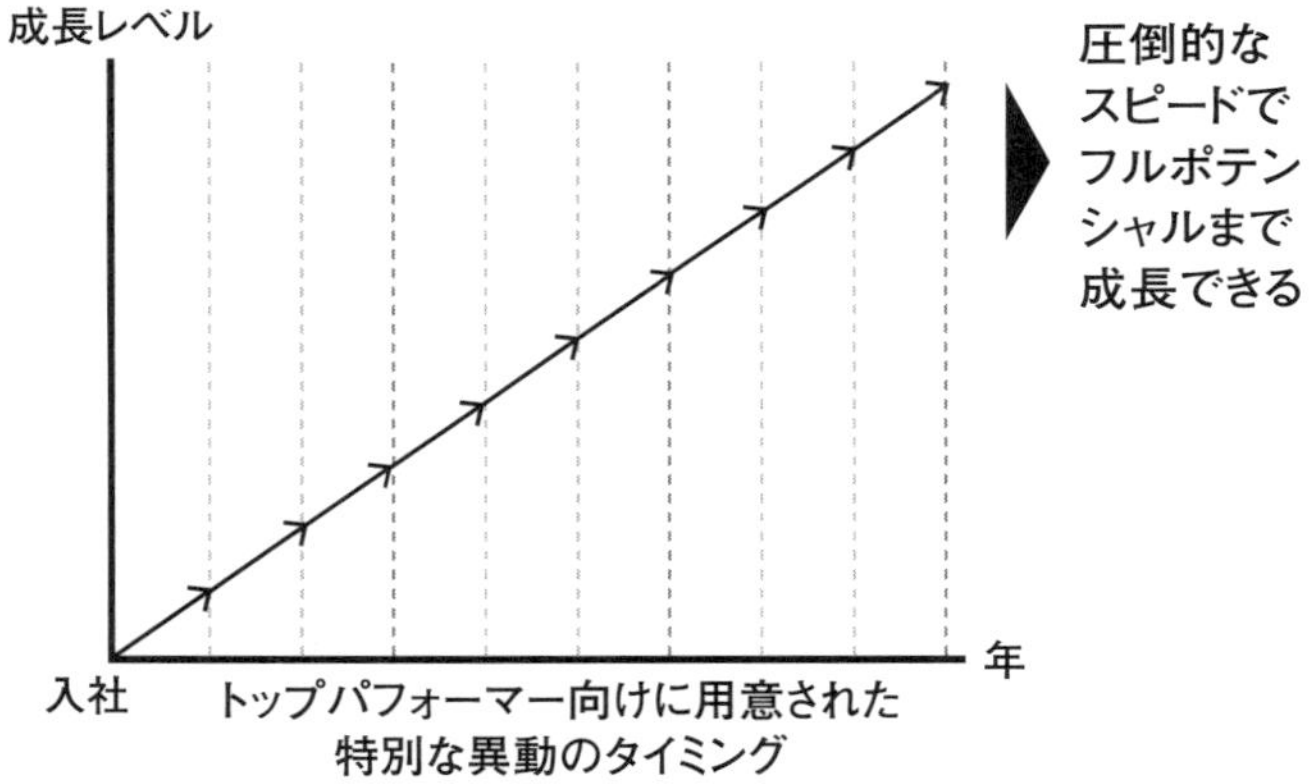

マーの育成という観点からみれば、極めてもったいない期間です。

　前述したように、トップパフォーマーの育成に意識的な企業では、彼らの成長カーブが寝始める（成長がゆっくりになり始める）とすかさず昇格や異動を行い、フルポテンシャルを発揮せざるをえない環境に動かします。これによりトップパフォーマーもまた、常に高い成長カーブを保つことができ、結果として短期間で極めて高いレベルに達することが可能になるからです（図表17）。

　年功序列型の人事制度の下では、年齢にかかわらず早期昇格をすることは難しいかもしれません。けれど、上司の了解の下、できる限り裁量権を拡大したり、海外や他

図表18　育てられ方による成長スピードの違い
（トップパフォーマー）

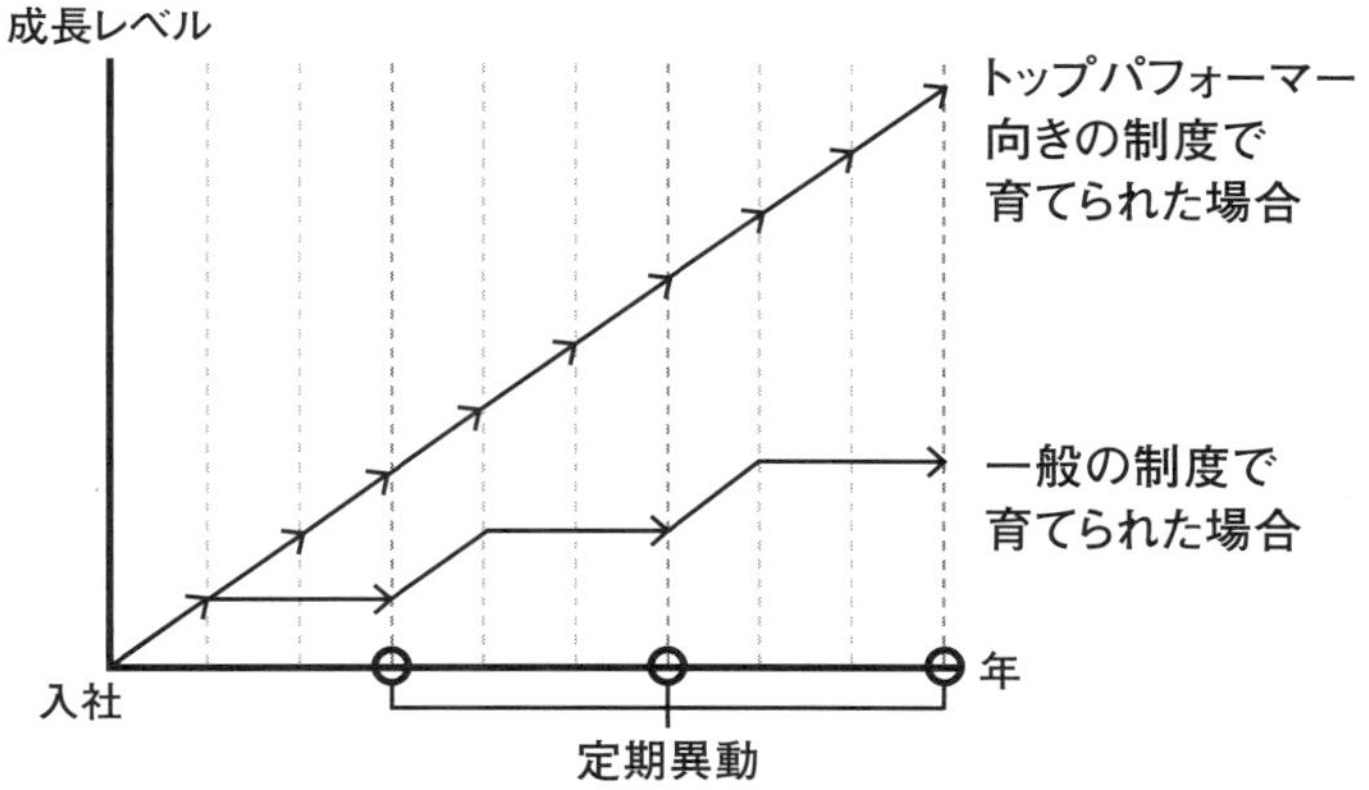

社の絡むより難しいプロジェクトを任せるなど、特別なチャレンジの機会を与えることは可能なはずです。

そうすることによって、彼らは既存業務の生産性を今まで以上に高め、新たな責務にチャレンジするための時間をつくり出す必要に迫られます。それにより放置されていた本来の能力が、リアルな実力として発揮され始めるのです。

図表18は図表16と図表17を合成したものです。これを見ればわかるように、トップパフォーマーが、アベレージパフォーマー向けに設計された人事制度の下で育つ場合と、自分たち向けにアレンジされた特別なキャリアパスの下で育つ場合では、年数を重ねるごとに成長レベルの差が大きくなり

ます。

日本企業は昔から「人材育成に熱心」「研修制度が整っている」といわれてきましたが、それらの大半はアベレージパフォーマー向けの制度です。せっかくトップパフォーマーが入社してきても、平均的な人材向けの制度の中でそのポテンシャルを抑圧してしまうのでは、本当にもったいないことといえるでしょう。

一般社員の成長機会を奪わない

トップパフォーマー向けの育成プログラムを意識的につくらないと、彼らと「アベレージパフォーマーの中で上位二割にあたるハイパフォーマー」が区別されなくなり、両者とも成長スピードが遅れてしまうという問題も起こります。

たとえば、ある仕事がハイパフォーマーにとっては十分にチャレンジングな仕事であるけれど、それよりはるかに高い能力をもつトップパフォーマーにとっては必ずしもそこまで難しいわけではない、という状態だとします。トップパフォーマーにとってその仕事は、「簡単ではないけれど、やればできると最初からわかっている」レベルの仕事です。

こういう仕事をトップパフォーマーに割り当ててしまうと、彼らは期待通りの高い成果を出すでしょうし、高い評価を得ることもできるでしょうが、そのフルポテンシャルを発揮する機会は得られません。

一方でハイパフォーマーの側も、優秀な社員であるにもかかわらずチャレンジの機会を奪われ、自分よりはるかにできるトップパフォーマーに追随するフォロワーにされてしまうのです。これでは両者とも、大きく成長できる機会を逃してしまいます。

実は、このレベルに位置する最も典型的な仕事が「部下を指導する」という仕事です。どこの職場でも、若手トップパフォーマーに「後輩の指導」「部下の育成」を任せることがよくあります。しかしこれは、あまり賢いやり方とはいえません。

社内に「自分よりできる社員」も多い他の層の社員とは異なり、トップパフォーマーには切磋琢磨できるライバルが多くありません。そんな中、自分よりパフォーマンスの低い人にその視点を誘導すると、彼らの目線をさらに下げてしまうからです。

「部下の指導をすることで学べることはたくさんある」とはよくいわれることで、私もそう思います。しかし、それよりはるかに多くのことを学べる機会が別にあるなら、トップパフォーマーにはそちらにチャレンジするよう促すべきです。

水泳教室の例で考えてみてください。小学生向けの水泳教室で、周囲とは明らかにレベルの違う泳ぎをするA君と、同年齢の生徒の中では泳ぎのうまいB君、そして年齢相応に苦労しつつ奮闘している多数の普通の子どもたちがいるとします。

A君は、将来オリンピックスイマーになるかもしれないトップパフォーマーです。B君はたしかに泳ぎはうまいけれど、そういうレベルではありません。中学校では水泳部に入って活躍してほしい、と思えるレベルであり、いわゆるハイパフォーマーです。

ここで指導者がなすべきは、次のどちらでしょう？

①A君には毎回、他のメンバーのお手本として泳いでもらい、うまく息継ぎができないと悩んでいる年少の後輩にアドバイスをしてもらう。B君にも、A君を目指して頑張れと鼓舞する。

②A君にはオリンピックスイマーを輩出している有名スイミングクラブや指導者を紹介し、そこでレベルの違うチャレンジを受けるよう勧める。B君には他のメンバーのお手本として泳いでもらい、うまく息継ぎができないと悩んでいる年少の後輩にアドバイスをしてもらう。

企業においてトップパフォーマーに部下の育成を任せるのは、①の選択肢と類似した判断です。A君だってまだ小学生ですから、年少の少年らのお手本として振る舞えば、それ

図表19
誰もチャレンジを求められない

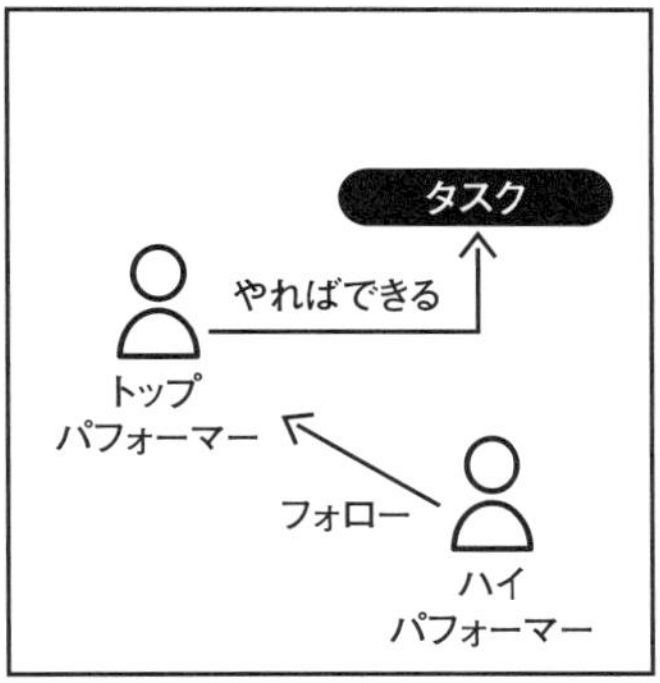

図表20
トップパフォーマーとハイパフォーマーの双方にチャレンジが求められる

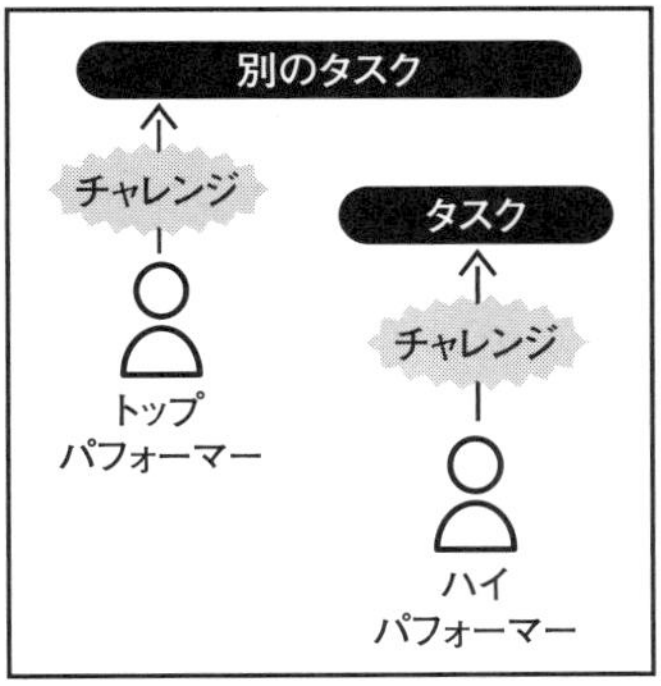

によって学ぶこともあるでしょう。しかし本当にそれが、A君にやらせるべきことでしょうか？

　そんなことをしてしまうと、A君はよき先輩、よき水泳のコーチにはなれるかもしれませんが、オリンピックスイマーになれる可能性をつぶされてしまいます。これはA君の目標を「オリンピックスイマー」から優秀な水泳のコーチ」にダウングレードしてしまう、とてももったいない施策です。

　たとえ有名クラブに移っても、A君がオリンピックスイマーになれるかどうかはわかりません。それでもその可能性がある子どもに、やればできるとわかっているような目標を与えてはいけないのです。反対にいえば、どんな分野であれ、トップパフォーマーが指導者になるのは引退後、もしくは、自分のフルポテンシャルが発揮できてからで十分です。

加えて、「A君がみんなに教える」という立場につくと、B君までが「A君に教えてもらう立場」になってしまいます。これでは、B君の成長の可能性まで失われてしまいます。たしかに今の時点では、B君に他の少年らの指導をやらせるのは荷が重いかもしれません。でもだからこそ彼の成長も促されるのです（図表19、20）。

早期選抜が行われない理由

年功序列型の組織においても、経営者レースが本格化するタイミングではトップパフォーマーの選抜と育成が始まります。将来の役員候補と認められた部長クラスのトップパフォーマーが、子会社や海外支社、新規事業や今まで経験のなかった部門の責任者を任され、その結果に応じて抜擢されたり、レースから脱落したりと選別されることはよく知られています。

一方、若手のトップパフォーマーに対しては、昇格など外から見える形での選抜は入社一〇年後くらいから、遅い業界では入社以降二〇年近く行われない場合もあります。

なぜ多くの企業は経営者レースが始まるまで、トップパフォーマーの意識的な育成に乗り出さないのでしょう？　なぜもっと若いうちに彼らの実力を引き出す工夫を始めないのでしょうか？

ひとつは、「あまり若いうちから実力差をあからさまにしたくない」からでしょう。次章で説明しますが、選抜に漏れた人がそのまま「諦められた人」となってしまう組織では、選抜タイミングが早ければ早いほど、選抜に漏れてモチベーションを下げてしまう人の発生が早く、かつ多くなってしまいます。

このためそういった組織では、アベレージパフォーマーのモチベーションを維持するために、トップパフォーマーの可能性を犠牲にするのです。

マッキンゼーのように成果主義が徹底された組織では、新卒で入社して一年半もたつとトップパフォーマーは昇格し、海外で一流MBAを取得後に入社してくる一〇歳以上年上の社員と同じ立場を与えられます。年収も社会人として働き始めてたった二年で、同期入社した仲間たちの倍以上となります。

それは端から見ていても厳しい世界です（私自身は新卒時には日本企業に入社したため、実力主義の洗礼を受けたのは三〇代になってからです）。昇格が遅れた他の社員も皆優秀な若者なのに、ここまで早いタイミングで同期と明確な差をつけられるのは、精神的にも苦しいものがあるでしょう。

とはいえ、選抜タイミングが早ければ早いほどその後の逆転も起こりやすくなるため、最初に一度「あなたは（今の段階では）トップ数%には入っていません」と判定されたからといって、そのままやる気をなくしてしまうわけではありません。厳しい世界ではありますが、いつでも逆転可能だとわかれば、早期選抜が組織のモチベーションを下げてしまうことはないのです。しかしそのことを必要以上に気にする企業は、若手のトップパフォーマーの選別に躊躇《ちゅうちょ》しがちです。

もうひとつ、日本的な組織において早期のトップパフォーマー選抜が行われない理由は、人事評価の主眼が人材育成ではなく、昇格や評価（ボーナス査定など）にあるからだと思われます。

どこの企業でも、上に行けば行くほど役職につける人の数は減ります。特に役員（経営者ポジション）になる段階では、その数は一気に絞られます。つまり、課長から部長になるときの選抜より、部長から役員になる選抜のほうがはるかに厳しいのです。

このため前者の選抜は「部長になれない人を落とす」プロセスですが、後者では「役員になれない人を落とす」プロセスではなく、「役員になれる可能性のある人だけを選ぶ」

図表21　部長選抜と役員選抜の違い

〈部長選抜〉

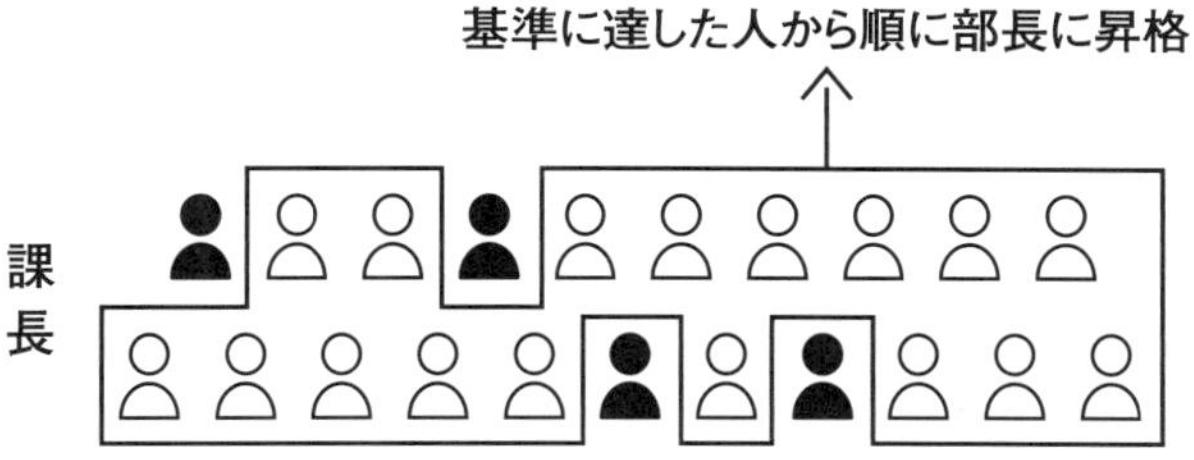

▶ 全員を競わせ、
基準に達しない人を振り落とす

〈役員選抜〉

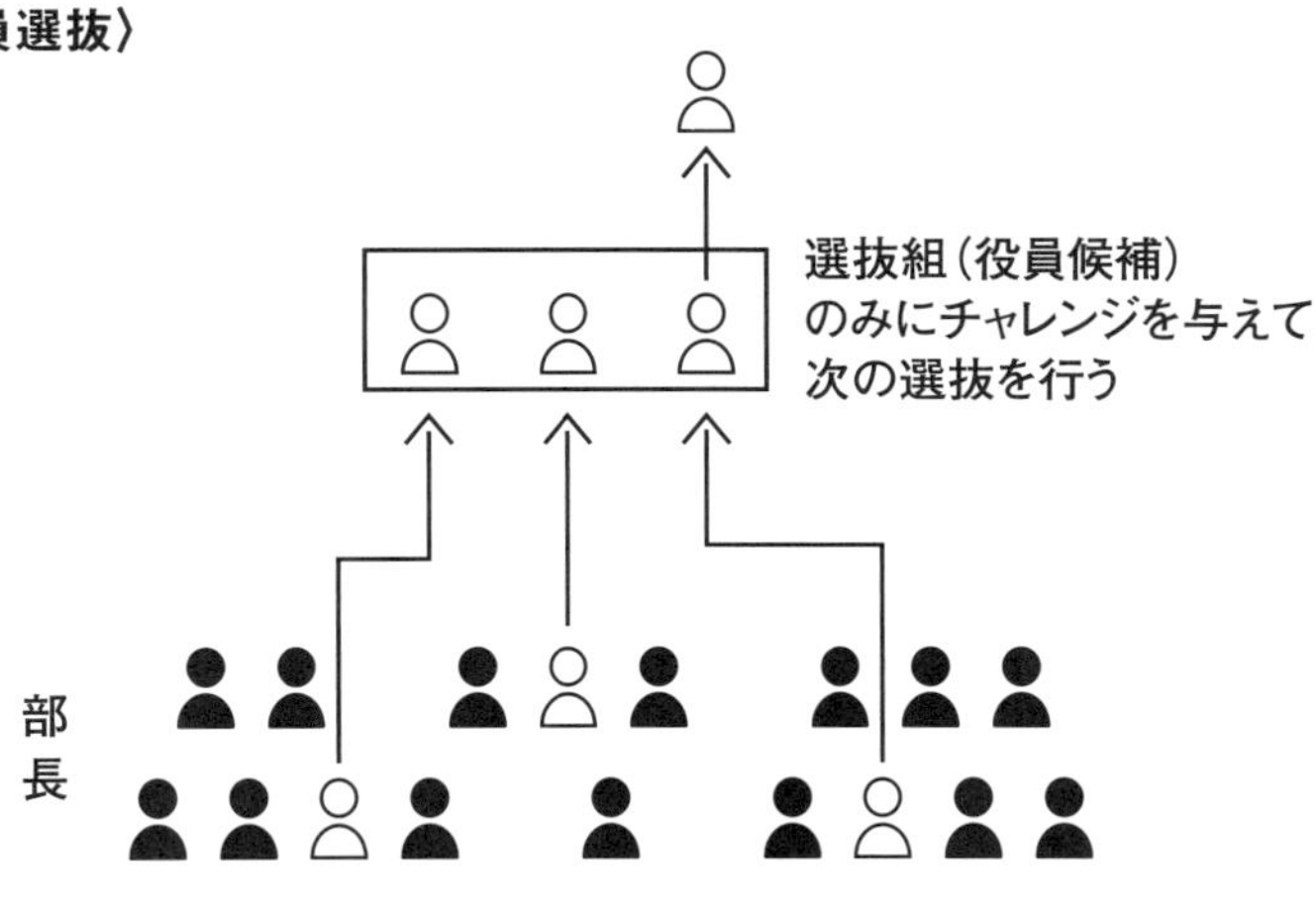

プロセスとなります。

「部長になれない人を落とす」のであれば、全課長を競わせ、下から一定割合を落とせばよいのですが、役員候補を選ぶ場合は、部長全員を競わせるのではなく、部長職についている人の中からパフォーマンスの高い人だけを選び、彼らだけに特別なチャレンジ機会を与えて競わせる、というプロセスが適しています。このためこの段階で初めて、トップパフォーマーだけが他と分離されるのです（図表21）。

このようにトップパフォーマーの選抜目的を「昇格候補者を選ぶため」と考えると、若手のトップパフォーマーは、役員選抜の適齢年次になるまで「その他大勢」と一緒に歩むことを強いられてしまいます。

一方、マッキンゼーなどが若手トップパフォーマーの選抜を行うのは、選抜のためではなく育成が目的です。彼らのもつ潜在力をすべて発揮させるために、手段として選抜を行うのです。

育成のためであれば、選抜のタイミングはできるだけ早いほうがよいということになります。つまり「選抜は目的ではなく、成長支援のために不可欠な手段なのだ」という意識がある組織においては選抜のタイミングが早くなり、選抜は昇格のために行うものと考える組織では、必然的にトップパフォーマーの選抜が遅れてしまうのです。

図表22　トップパフォーマーの早期選抜に消極的な理由

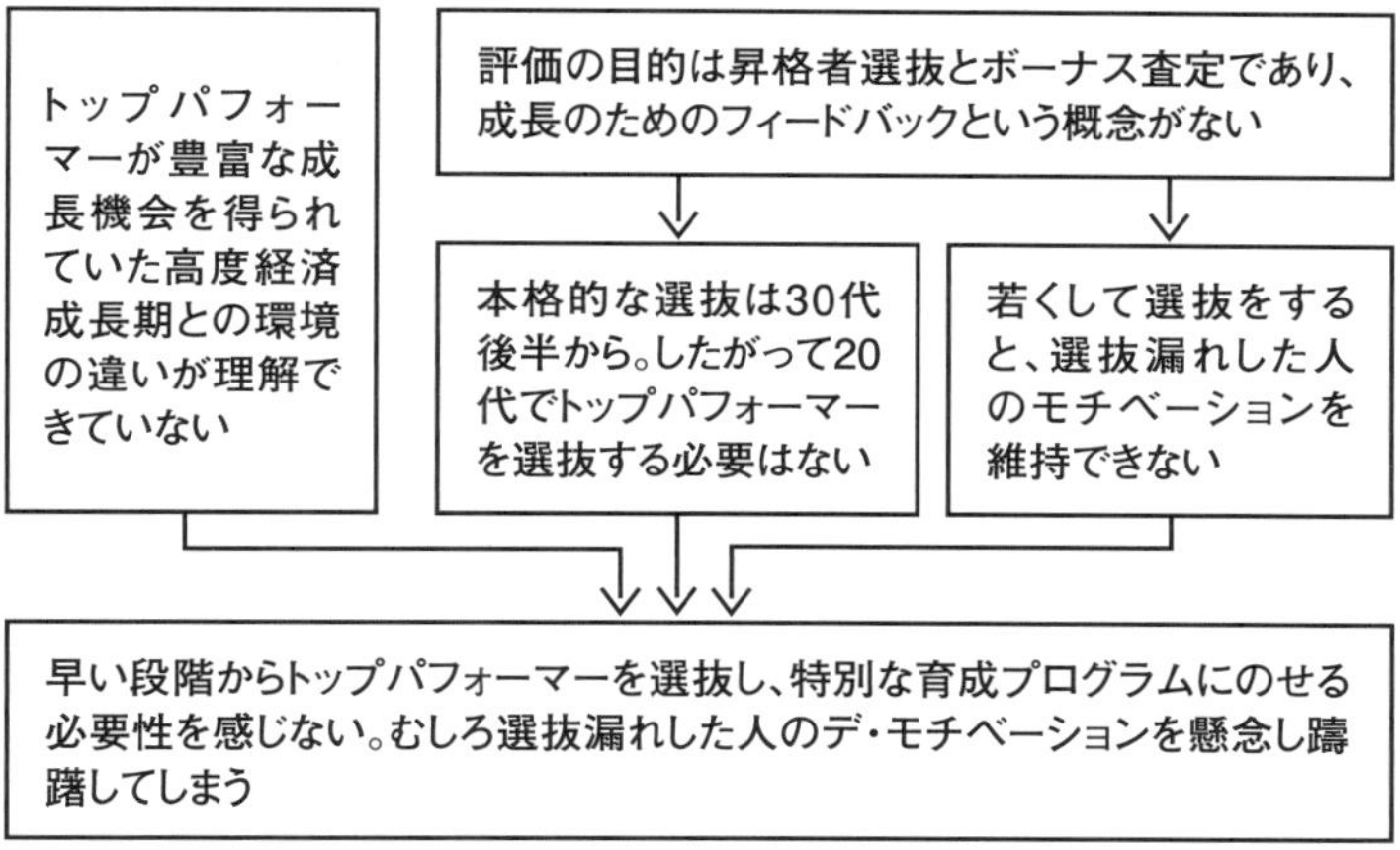

もうひとつ、経済環境の変化にも、その理由があります。事業も組織も急拡大していた高度成長期であれば、ことさらに選抜しなくても、トップパフォーマーには若い頃から自然と大きなチャレンジの機会が与えられていました。

この時代に成長した人の多くが「トップパフォーマーなら放っておいても自然に育つはず」と考えがちなのは、自分たちがそういった環境の中で育ってきたからです。

しかし、市場が低成長期に入って組織の形が安定してしまうと、トップパフォーマーであっても「年次や肩書きなど、その立場に応じた役割」しか与えられなくなってしまいます。さらに、市場の成長率が低下すると、仕事に占めるルーティンワークの割合も増えていきます。

このため低成長分野で事業を行う企業や階層の多い大組織、年齢構成が逆プラミッドになっているような上部の重い組織では、「トップパフォーマーなら自然に育つはず」といった安易な期待はできません。そういった環境にある企業では特に、意識的な若手トップパフォーマーの育成が必要になっているのです（図表22）。

トップパフォーマーを育てる三つの方法

最後にトップパフォーマーの潜在力を最大限に発揮させ、その成長スピードを高めるためのポイントを簡単にまとめておきます。

ストレッチゴールを与える

ストレッチゴールとは、ちょっと手を伸ばしたくらいでは届かない高い目標のことです。目の前の仕事にアップアップしているアベレージパフォーマーに高すぎる目標を与えると、大きすぎるプレッシャーにつぶされてしまうかもしれません。しかし余力を残しすぎているトップパフォーマーには、全力で飛び上がっても手が届くかどうかわからないチャレンジングな仕事を与え続けること、前述したように、やればできるとわかっている仕事ばかりを与えて、成長カーブがフラットにならないよう留意することが、まずは何より重要です。

比較対象を変える

彼らが自分を比較する対象として、(自分よりできないメンバーではなく)次の三者を意識させましょう。

- 一年前の自分
- 社内の他のトップパフォーマー
- 社外の同世代のトップパフォーマー

人事考課において、今の自分は一年前の自分からどこがどれほど成長したのかを言語化させ、その成長レベルが十分かどうかという振り返りを行います。目標についても「一年後にはどういう点において、今よりどれほど成長したいか」という、具体的な目標を立てさせます。

もちろん、社内規定の評価においては「去年も今年もA判定」で構いません。しかしトップパフォーマーにはそういうといった横並びの評価に加えて、「いかに去年の自分と今年の自分の違いを大きくするか＝いかに成長幅を最大化するか」いう視点をもたせる必要があります。

これは、ボーナス査定や昇格判断のためではなく、成長支援のための人事考課です。トップパフォーマーの場合、一般的な評価にはあまり意味がありません。彼らにとっても重要なのは、さらなる成長支援のための特別な目標設定と振り返り（フィードバック）なのです。

この「去年と今年の違い＝成長度合い」は、社内の他のトップパフォーマーと比べましょう。たとえば、営業部門のトップパフォーマーには、「技術部門のBさんは、昨年の後半の三カ月は海外のプロジェクトに兼任参加し、自部門をマネージャーとして率いながら、海外プロジェクトのメンバーとしても成果を上げました。理系だし語学は苦手だったようですが、頑張って克服したようです」と伝えるといった具合です。

こうして、自分が比べられるのは「社内の普通の社員」ではなく「他のトップパフォーマーである」と理解させ、「あなたと同じくらい優秀な人が、この一年で、あなたより速いスピードで成長している。あなたももっと速いスピードで成長できるはず」と伝え続けるのです。

こうして高いレベルで切磋琢磨することにより、「自分は毎年いい評価をもらっている」という安心感を、「もっと速いスピードで成長しなければ」という危機感に変えること。そして、その成長を実現するためのストレッチゴールを与えること――これが、トップパフォーマーの育て方の基本なのです。

圧倒的なライバルの姿を見せる

最後に、彼らにはできるだけ社外の卓越したトップパフォーマーの姿を意識させましょう。私が今まで出会ってきた、「年功序列型の組織に所属しながら、早期の段階で圧倒的なスピードで成長している人材」の多くには、ある共通の業務経験がありました。

三〇代前半までに海外企業との共同プロジェクトに参加した経験のある社員には、決断力、リーダーシップ、洞察力などの面において顕著な（年齢相応のレベルをはるかに超える）成長がみられたのです。その成長振りは、留学や自社の海外支店への赴任といった守られた環境での「海外経験」などとは、明らかに異なるレベルです。

日本市場の縮小に伴い、海外企業の買収や現地企業との合弁で海外進出を行う企業は今まで以上に増えているはずです。そういった職場は、トップパフォーマーを育てる環境として非常に貴重なものとなるでしょう。

より身近なところでは社内講演や研修会に呼ぶ講師も変えましょう。社内講演会に一流アスリートや有名な評論家を招く企業は非常に多いのですが、トップパフォーマーの育成のためには、

- 二〇代で一定規模の組織を率いる若い起業家
- 三〇代でグローバル企業の日本支社で一部門を率いるアジア人プロフェッショナル
- 四〇代でアジア部門統括を務める外資系企業の日本人ダイレクター

など、他業界の若手トップパフォーマーを講演に呼ぶほうが（たとえ彼らがメディア的には無名であっても）大きなインパクトを与えられます。

自分と同じ世代で圧倒的に高いレベルの人を目にすれば、「若くしてここまで大きな仕事をしている人がいる」「自分と同世代なのに、これだけのリーダーシップを発揮している人がいる」と目を開かされます。そういった経験こそが彼らの「目指すべき地点」を大幅に引き上げるのです。

成長余力の大きな彼らを現状に満足させてしまうことの損失は、計り知れません。さまざまな工夫により彼らの成長可能性を最大限に引き出せば、組織全体の生産性を高めるためにも、大きなインパクトが期待できるのです。

第5章 人材を諦めない組織へ

放置される戦力外中高年

本章では、組織の中で放置され続ける「社内選抜に漏れた中高年社員グループ」の育成問題について取り上げます。

中核社員の選抜タイミングは業種や業界によって異なりますが、どこの企業でも一定の年齢から、管理職として部下をもち、昇格を続けていく社員とそれ以外の社員が分かれ始めます。このとき「選ばれなかった社員」は、上に行けば行くほどポジションの少なくなるピラミッド型組織の常として、上級管理職への階段を上っていく選ばれた社員よりずっと多く出現します。

しかも、「必死で頑張ってきたのに、自分は選ばれなかった」という事実自体が彼らのモチベーションを減じるため、何らかの手立てを講じない限り、組織の中に「やる気を削がれた人たち」が大量に生まれてしまうのです。

高度成長期であれば、こういった人たちにセカンドチャンスを与えることは難しくありませんでした。事業領域が毎年のように拡大し、子会社の数が継続的に増えていたからです。当時は本社での選抜に漏れた人も、子会社や関連会社で管理職ポジションを与えられ、プライドと意欲を取り戻せる再チャレンジの機会を得られていました。

しかし右肩上がりの時代が終わった今では、選抜に漏れた人たちに与えられる次のチャンスは多くありません。しかも成果主義の導入で選抜タイミングは早まる傾向にある一方、定年は延長され、彼らが社内にとどまる期間もどんどん延びています（図表23）。

加えて役職定年が導入され、五〇代以降は権限も報酬も頭打ち、もしくは削減されるという企業も少なくありません。これではいくら「意欲をもって働き続けてください」といわれても難しいでしょう。

前章でも取り上げましたが、社内のどの層に重点的に投資をするかは、人材育成上の方

図表23　変わる社内選抜に漏れた中高年社員の処遇

〈高度成長期〉

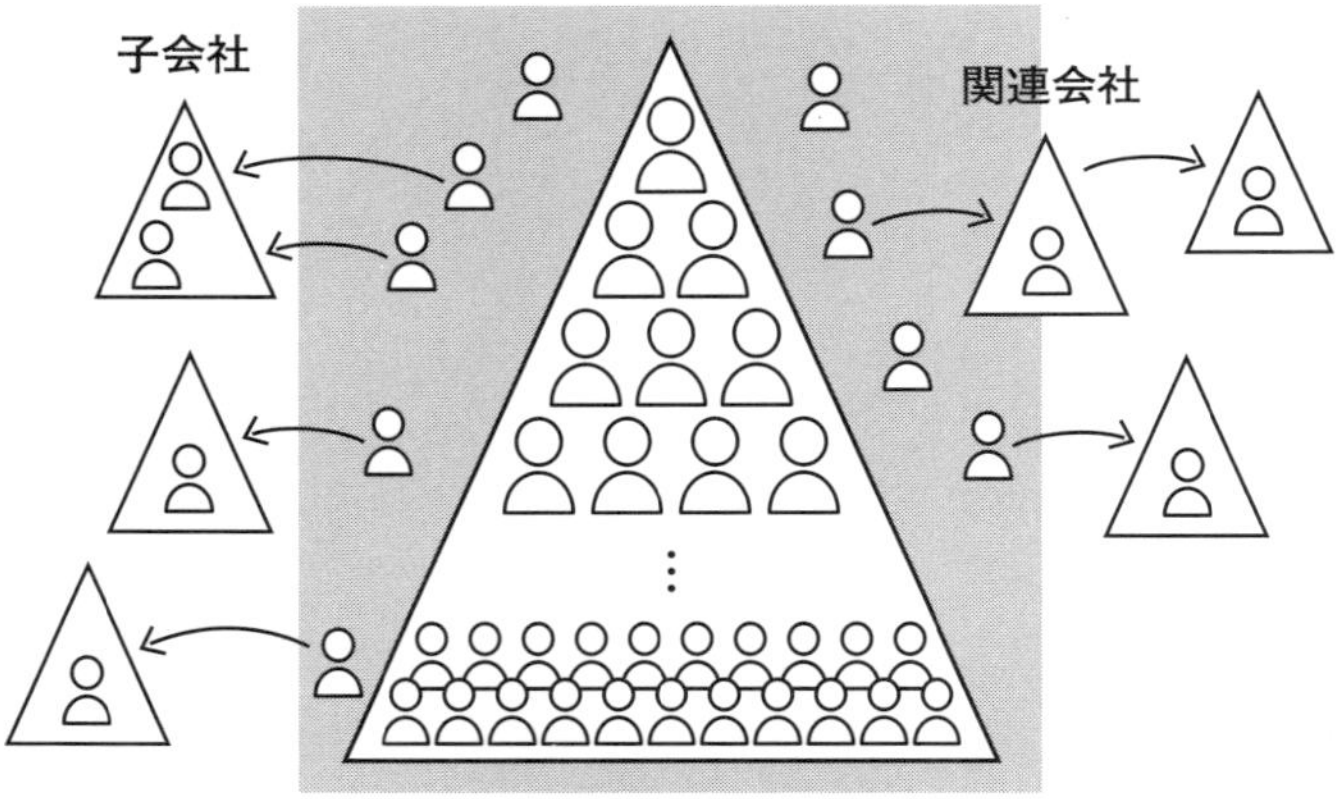

〈低成長時代〉

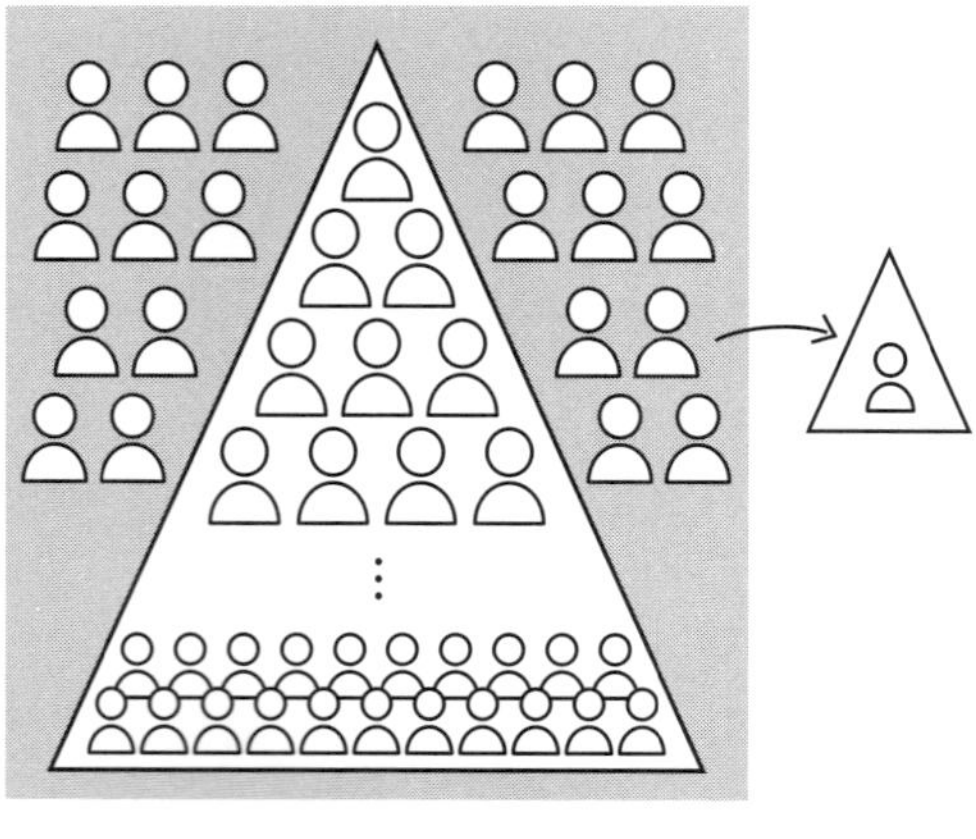

針によって決められることです。まずはトップパフォーマー、その次がハイパフォーマーという順で投資すべきと考えるのは、ごく自然なことでしょう。

しかし特定の人たちを丸ごと諦め放置してしまうのは、決して得策ではありません。なぜならどんな組織でも選抜に漏れる人の数は、選抜される人より圧倒的に多いからです。このグループの生産性向上を諦めてしまうと、いくら少数の選抜組や若手社員がスキルを磨いて生産性向上に励み、高い意欲で働いても、組織全体としての生産性を上げるのは至難の業です。

これはコンビニや大型商業施設の生産性がいくら高くても、大多数を占める個人商店の生産性向上が諦められ放置されている限り、小売業全体の生産性が上がらないのとまったく同じです。農業の生産性に関しても、一部の先進農家だけが頑張っても、生産性を上げられない多数の小規模農家を放置したまま全体の生産性を上げることはできません。

組織全体への悪影響

選抜漏れ中高年の再教育、すなわち育成を諦めてしまうことの最大の問題は、彼らを諦めることが組織全体に悪影響を与えるという点にあります。

戦力外中高年を特定の部署に集めると、社内に姥捨《うば》て山のような部門が出現してしまうし、目立たないようあちこちの部署に分けて配属すると、「どの部署にも働きの悪いおじさんがいる」という状態になってしまいます。そういった組織で働くことは、まだ選抜年齢に達していない若手社員にも悪影響を与えます。

年功序列型の組織では、若手社員の給与が彼らより低いことも多く、不公平感が生まれるからです。自分の力に自信のある若手社員にとっては、それが実力主義企業への転職理由となるし、最近は就活時から「働かないおじさんを養わなくてもいい会社に就職したい」と口にする若者までいます。

一方、自分にそこまでの自信がない若い人たちにとっては、放置された中高年社員は、将来の自分の姿として映ります。いずれ自分もああなるかもしれないと考えれば、彼らもまた「組織に人生を左右されない働き方」を模索し始めることでしょう。

選ばれなかった人が組織内に長く滞留すると、彼らと管理職との年齢逆転の幅も大きくなります。これは本人のプライドを傷つけるだけでなく、「元上司を部下にもつ管理職」の生産性をも下げてしまいます。

というのも管理職側に、元上司である年上の部下に気兼ねして必要な指導を躊躇するケースや、管理しづらいがために元上司を戦力としてカウントできず、他のメンバーだけで成果を上げようと無理をするケースが出てくるからです。

また、選抜に漏れた人のプライドを保つための（部付き部長とか副部長といった）肩書きを増やせば、形式的にでももらわなければならないハンコの数が増えて意思決定が遅くなるなど、業務の生産性にも悪影響が出ます。

解雇制度と育て直しの関係

よくいわれるように、日本と米国では解雇の容易さに大きな違いがあります。一般的に「個人の能力や成果が足りないことを理由とした解雇が認められている米国と、そうでない日本」というイメージがあるでしょう。しかしそうであれば、解雇が難しい日本企業のほうが、期待通りの成果を出せない社員の再教育に熱心でなければなりません。

ところが中高年社員の育成に関しては、逆の事態が起こっているようにも感じられます。というのもマッキンゼーを含め、解雇が容易な米国企業のほうがむしろ、選抜に漏れた人にスキルアップの機会（トレーニング）を与えることに熱心にみえるからです（なおマッキンゼー日本支社は日本法人であり、日本の労働法制の下にあります）。

解雇が可能だからといって、「採用して仕事ができなければすぐに解雇」などしていたら、どこの企業であれ業務は回りません。米国の企業も解雇が可能だからといって、スキルの低い社員をトレーニングもせずに解雇しているわけではないのです。

ましてや、制度上の制約から解雇は行わないというのであれば、すべての人が少しでも活躍できるよう、再教育にはより積極的に投資をすべきです。それなのにトレーニングといえば新人研修と新管理職向けが大半という企業も少なくありません。

「それは仕方がないだろう。なぜなら新人はやる気にあふれているが、ベテラン社員は新しいことを学ぶ気力や柔軟性に欠けているんだから」とか、「若い人は教育しがいがあるが、中高年は教育しても変わらない」などとうそぶく人もいます。

しかし「一部、そういう人がいる」のは事実であっても、「選抜に漏れた大半の中高年社員がそういう人たちである」などということはありえません。彼らの再教育と育成を全面的に諦め放置してしまうなんて、この人手不足の時代にあまりに〝もったいない〟経営資源の浪費です。

モチベーションを下げる本当の理由

ではこの層の生産性を上げるには、何が必要なのでしょう? 実はここで最も必要とされているのは、「会社は、まだあなたたちに期待している」というメッセージを伝えることです。

彼らがモチベーションをなくしてしまうのは、選抜に漏れたからだけではありません。選抜に漏れた結果、「誰も自分に期待をしていない」と感じさせられてしまうからです。そういった社員の中には再教育の機会どころか、「現在、自分が出している成果が、求められているレベルと比較してどれくらい低いのか。何が足りていないのか」さえ伝えられていない人もいます。

現状認識の共有が行われなければ、本人も自分の状況を客観視できず、変わらなければならないと切実に感じることができません。またそんな状態が長く続くと、「自分にはもう何も期待されていない。だから無理に頑張って成長する必要もないのだ」と考えるようになってしまいます。多くの人にそんなふうに思わせてしまうのは、個人にやる気や資質が欠けているからではなく、組織の人材育成能力の問題です。

彼らの生産性が低いまま放置されていることを認識している企業はたくさんあるでしょう。にもかかわらず「選抜に漏れた中高年層」の再教育に及び腰な企業が少なくないのは、厳しさと優しさを取り違えているからかもしれません。

組織側には、「選抜に漏れて落ち込んでいるだろうに、わざわざ何が悪いかをコト細かく説明し、新人向けのようなテクニカルな研修を受けさせるのは申し訳ない」という遠慮や配慮があるのです。

それらは、優しく思いやりに富んだ配慮にもみえます。しかしこれでは、彼らには自分を変えるチャンスさえ与えられません。自分の評価を率直に伝えられ、現時点のパフォーマンスにきちんと向き合い、少しでも生産性を上げる方法を学べるよう支援すること——それは一見、厳しい要求にみえて、実はとても優しい処遇なのです。

すべての人は、どんな年齢になっても成長できていると実感できれば、嬉しく感じるものです。最初は「いい年になって研修を受けさせられること」を屈辱的に捉える人もいるでしょうが、年を重ねてからでも、誰かが自分に期待を寄せてくれ、真剣にフィードバックをしてくれ、新たなことを学ぶ機会が得られている。成果を出せば褒められるし、出せなければ率直にそう指摘される。こういった状況におかれて初めて人は、「自分は期待されている。期待に応えなければ」と感じるのです。

むしろ厳しいのは、具体的に何が悪いのか、何を期待されているのかさえ明確にされないまま、定年までの長い期間、諦められ放置されてしまうことです。

「厳しくみえるけれど優しい」と「優しくみえるけれど厳しい」は、似ているようでまったく異なります。米国型の企業社会では、組織が期待する成果を上げられない人は解雇されます。しかし、解雇されることで労働市場に再び参加し、そこからいくつかの職を経て、成功できる職に巡り合える人も少なくありません。

「あなたの適性や能力はこの組織には合わない」と言われ、一時的にショックを受けても、結果としてより適性のある仕事につける可能性を探すほうが、「厳しいようで優しい処遇」ともいえるのです。

一方、そういった人を社内に抱え続け、かつ成長させることも諦めてしまったら、その人は残りのキャリア人生を、もはや可能性の見出せない組織において（言い方はよくないですが）飼い殺しにされてしまいます。これは、解雇しないという意味では「優しい」のでしょうが、その人の人生を本気で思うならあまりに厳しい処遇です。

正社員の解雇はしないという方針や法律があるなら、せめて在籍中は常に組織から期待され、成果に応じて正当なフィードバックを受ける権利をすべての人に担保すべきではないでしょうか。

「成長のためのフィードバック」の重要性

マッキンゼーでは人事評価の際、その人の「distinctive」な能力や分野と「development needs」がセットで本人に伝えられます。「distinctive」とは卓越したという意味で、その人の長所、強いところを意味します。

一方の「development needs」は、本人の弱いところを意味する言葉ですが、直訳すれば「これから能力開発＝development が必要とされる部分」です。つまり人事評価の場で本人の強みとセットで指摘されるのは、弱点や欠点「weakness」ではなく「次は、この点を伸ばしていきましょう」という成長へのアドバイスなのです。

実質的には弱点と同じ点を指摘するのに、なぜ「weakness」や「weak points」という言葉を使わないのかといえば、それを指摘する理由を明確にするためです。

もしこのフィードバックが昇格判定やボーナス査定のためであれば、「strong points」と「weak points」を指摘すればいいでしょう。こういう強い点があるからA評価なのだ、こういう弱い点があるからB評価なのだと説明しやすくなるからです。もしくは、ここが弱いから今回は昇格できないのだという説明にも、「weak points」という表現が合っているでしょう。

でも昇格やボーナス査定のためではなく、成長支援のためのフィードバックだとしたら、「weak points」などというネガティブな言葉を使う必要はありません。「次はこの点で成長しましょう！」と伝えて成長を支援したいなら、「次にスキル開発をすべき分野」という意味の「development needs」という言葉を使うほうが適切なのです。

組織が人を評価する目的、つまり人事制度の目的は、昇格者を決めたり、ボーナスの額を決めたりすることだけではありません。評価制度の最も重要な目的は、個々人が今後どの分野に注力して能力を開発すべきか、それぞれの人に進むべき道を明示し、「次の評価の時期までに、あなたがこれをできるようになると期待している」と伝えることです。

それにより本人は、求められている成長の方向を正しく理解し、かつ、自分は期待されているという実感を得て、労働や成長へのモチベーションを維持できます。

つまりここで重要なことは、「ランク付けのための評価」と「成長を支援するための、具体的で詳細なフィードバック」を使い分けるということです。

前者は、「あなたの評価はAである」「Dである」というように、組織上での序列を示す総合的な評価で、昇格判断やボーナス査定のために使われます。ピラミッド型の組織が人材選抜を行う過程では、当然、こういった評価も必要です。

一方、その人の業務成果や能力に対する詳細なフィードバックは、成長支援とモチベーション向上のために行われるものなので、社内選抜が終わった後のグループも含め、すべての人に必要となります。

それなのに、選抜に漏れた層に対する評価がおざなりになってしまうのは、「評価制度といえば選抜（昇格）とボーナスや昇給判定のための制度」という意識があるからでしょう。そんなふうに思ってしまうから「選抜が終わって、もはや昇格や昇給の可能性のない人に、詳細な人事評価を行う必要性は感じられない」という話になってしまうのです。

多くの人は、A評価かB評価かという話ではなく、仕事に対する具体的で詳細なフィードバックを与えられると、極めて真摯にそれを受け止めます。自分の言動や仕事振りがポジティブに評価されていると知れば、たとえ報酬に反映されなくてもやる気につながるし、反対にネガティブなフィードバックを受けられれば、それが給与や役職に影響を与えないものであっても、重く受け止めます。

私自身、プロフェッショナルファームの管理部門マネージャーという、昇格や昇給の可能性が極めて限られたポジションで一〇年以上働いていましたが、部下からの評価や他部門からの評価、そして「今までは必ずしもうまくできていなかったことが、今期はほんの少しだがうまくできるようになったという実感」＝成長の実感は、これからも頑張ろうと思わせてくれるのに十分な動機となっていました。

成長のためのフィードバックは選抜のための評価とは異なり、その詳細さに意味があります。その人が担当した営業活動なり、企画書なりに対する極めて具体的なフィードバック――たとえば、「あのときのあの説明の仕方は顧客に〇〇と思わせたという点で、大変効果的でした」とか「〇〇に関しての調査は、ちょっと時間がかかりすぎでした。ただし、〇〇の部分については期待以上の深掘りができていました」といった具体的なフィードバックは、たとえネガティブなものであっても納得性が高く、次にどう改善すればよいかというアドバイスにも直結します。

しかも詳細で具体的なフィードバックを与えられると、人は「自分の仕事振りを、きちんと見てもらえている」と感じることができます。それが「これからも頑張ろう」というモチベーションにつながるのです。

また、管理職とベテラン社員の年齢逆転が起こっていることも多い現在では、職業人格の全面的なランク付けとも受け取れる総合的な評価より、詳細で具体的なフィードバックのほうが、年下の管理職側にとっても圧倒的に伝えやすいのではないでしょうか。

"人"を諦めない

組織の構造がピラミッド型である限り、いつまでも全員に昇格や昇給の道が開かれているわけではありません。選抜に漏れた人をどう動機づけ、意欲の維持や成長を促していくかは、すべての組織にとってこれからますます重要な課題となります。

組織の中に「まったく成長しない人たち」を多数抱え、彼らの成長を諦めてしまったら、組織全体に与える悪影響は計り知れません。反対に、そういう人たちの生産性をほんの少しでも上げることができれば、長期的には組織全体の生産性は大きく向上します。その切り札になるのが、詳細で具体的な成長支援のためのフィードバックなのです。

前章で取り上げたトップパフォーマーは、社内の評価制度では恒常的にA判定を受けている人たちです。それがために彼らは、十分な成長支援のために必要な（時には厳しい）フィードバックを受けることができていません。

選抜に漏れた中高年はその反対で、組織的にはすでに評価をする必要がないと認定された人たちで、それがためにトップパフォーマーと同様、成長に必要なフィードバックを得られていません。

前者は、数は少ないけれど大きな伸び代をもつ人たち、後者は、伸び代は少ないけれど非常に数の多いグループです。「自分で勝手に成長するはず」と思われている人たちと、「いまさら成長なんてしないだろう」と諦められ放置されている人たちともいえます。

これら「最も伸び代の大きな層」と「非常に人数の多い層」の成長支援に本気で取り組めば、組織全体の生産性を上げるために大きな効果が期待できます。反対に、「最も伸び代の大きな層」の成長を本人任せにし、「非常に人数の多い層」を諦めてしまっては、生産性の高い組織をつくるなど、ほとんど不可能になってしまうでしょう。

第6章

管理職の使命はチームの生産性向上

部下の育成と仕事の成果は両立しない？

ここまでトップパフォーマーと選抜漏れグループの育成方法（生産性を上げる方法）について書いてきましたが、本章では組織の大半を占めるアベレージパフォーマーの生産性を上げるため、管理職が果たすべき役割についてまとめておきます。

最初に結論から書いてしまえば、管理職の仕事とは、「チームの生産性向上のためにリーダーシップを発揮すること」に尽きます。

よく「仕事で成果を上げるだけではなく、部下を育成することも管理職の大事な役割」

などと言われますが、これはやや不思議な表現です。というのも、「AだけでなくBも大事」という言い方は、「Aを追求するとBがおろそかになりがちだが、どちらも大事である」と聞こえるからです。

より直接的に「いくら多忙でも、部下の育成には時間をかけるように」と言われることもありますが、これではまるで成果を上げることと部下の育成というふたつの責務が、管理職の時間を取り合う別々の仕事のように聞こえます。

本来、部下のスキルが上がればチーム全体の成果も上がるはずです。なのになぜ、「成果を上げるのに忙しくて部下の育成に時間が使えない」などという話になるのでしょう？　それは、部下を育成しても仕事の成果には〝当面の間〟つながらないという前提があるからです。仕事の成果は〝今すぐ〟上げる必要があるが、部下の育成には時間がかかる。すぐに成果が上がることはない——そう考えているため、「成果を上げること」と「部下を育成すること」が二択問題になってしまうのです。

このため「目の前の成果を上げるためには、部下の育成に時間を使うより自分が頑張るほうが早い」と考える人が出てきてしまうのですが、管理職がそんな発想のままでは、組織の生産性が上がることはありません。

反対に、部下のスキルアップが部門の成果を上げるための有効な手段だと認識されれ

図表24　成果達成と部下育成の関係

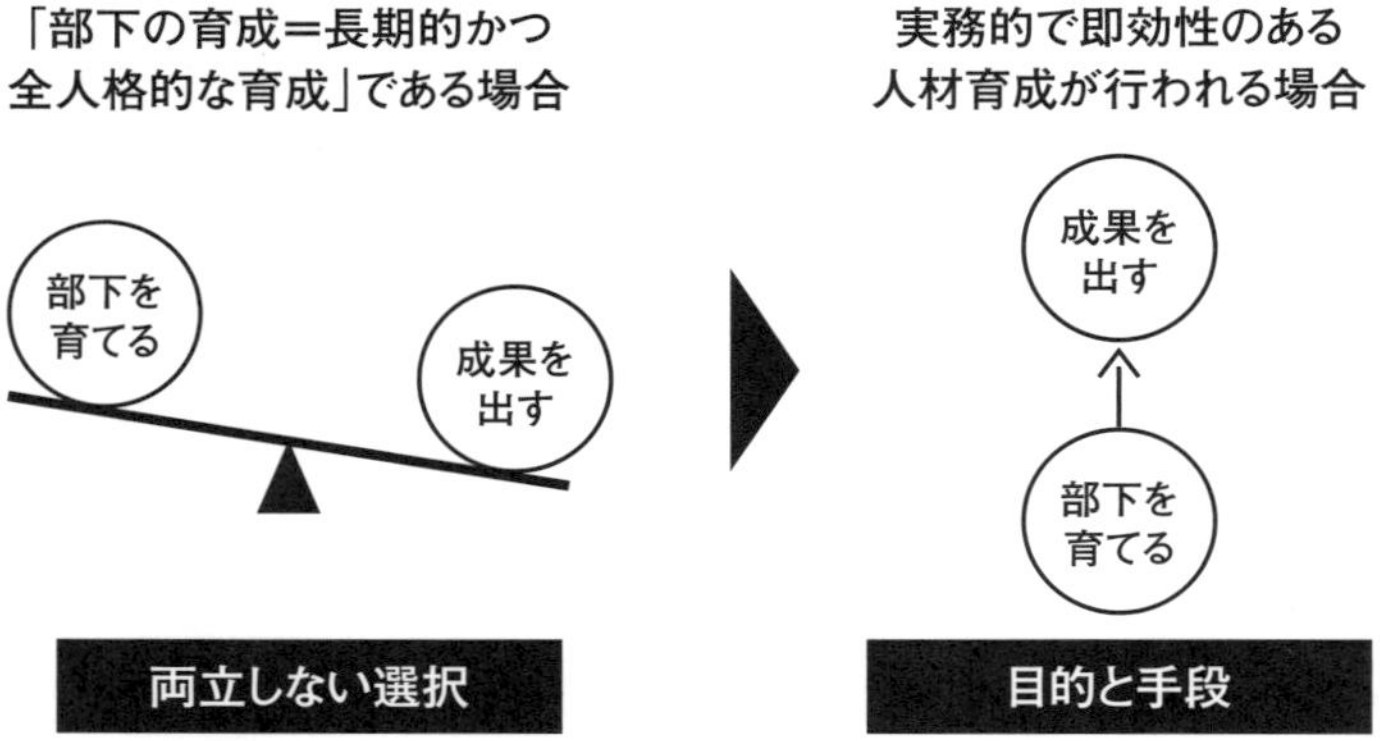

ば、「忙しくて部下の育成に手が回らない」のではなく、「忙しいから早く部下を育成しなければ！」へと意識を変えることができます（図表24）。仕事の成果は、自分や部下がより長い時間働くことで上げるものではなく、チームの生産性を高めることで実現するものなのです。

社員の在籍年数が短い外資系企業やベンチャー企業では、部下の育成にはより短期的な成果が求められます。本章以降、第9章までの四章で紹介するのは、成果に直結する形で部下のスキルアップを図るための手法についてです。まず本章では、ＯＪＴやチームマネジメントの手法について、次の第7章では、生産性の高いトレーニングの形式について、第8章では資料作成の方法、そして第9章では会議の生産性を上げるさまざまな手法について、具体的な方法を紹介していきます。

ストップウォッチをオフィスにも

マッキンゼーで新人育成を担当していた頃、パフォーマンスが上がらないと悩む新人コンサルタントによく与えていたアドバイスが、「キッチンタイマーを買って作業時間を可視化するように」というものでした。今ならスマホで代替できますが、当時はストップウォッチ機能をもつ最も格安な商品が、キッチンタイマーだったからです。

ほぼすべての新人コンサルタントが最初に直面する問題は、生産性が低すぎるということです。皆優秀で真面目に頑張るけれど、生産性の高い働き方を知りません。

最初のプロジェクトでいきなり「仕事が遅すぎる」と指摘され、困惑して（育成担当の）私のところにやってくる新人に話を聞くと、「一日でできるだろうと言われた資料が三日かかってもできあがらない」といった調子です。

キッチンタイマーを使うよう勧めるのは、彼らに「今は何にどれだけの時間がかかっているのか」を自分で正確に把握させるためです。何人もの新人を指導してきた私には、彼らがつまずいている理由も場所も最初からわかっているのですが、彼らにそれを自分で理解させるため、あえてキッチンタイマーを使うよう勧めるのです。

仕事の遅い新人は、最終的な成果にはつながらない不要な情報を大量に集めて読み込むことに何時間も使っていたり、付加価値がほぼゼロに近い「グラフをキレイに整える」といった作業に多大な時間をかけています。

自分が、そういった付加価値の低い作業にどれほど長い時間を（知らず知らず）費やしているか＝どれほど仕事の生産性が低いか、ということを実感させるためにキッチンタイマーはとても役立ちます。

最初は、資料の各ページに費やした時間を記録するよう伝えるのですが、中には「最初のページを作るのに、五九分までしか計れないキッチンタイマーを二回リセットしました」みたいな新人まで現れます。一日で資料を完成させるには、三〇分以内に作らなければならないひとつの分析に、二時間以上かけているわけです。

そこで今度は、その二時間の内訳を「資料を探している時間」「資料を読んでいる時間」「数字を入力している時間」「グラフを作っている時間」などに分けて計測させます。すると、資料を探している時間だけで三〇分を超えているとわかったりするのです。

彼らはここで初めて「こういうやり方ではまったくダメなのだ」と気がつきます。この時点まで到達して初めて、私はマッキンゼー流の資料作成の方法（第8章に詳述）を教えます。そうすることで「仕事のやり方によってどれほど生産性が異なるものか」、実体験として理解できるからです。

とはいえ頭で正しい方法を理解しても、まだまだ新人の生産性は極めて低いレベルにとどまります。そこでそれを少しずつ上げていくためにも、タイマーが役立ちます。何をどう変えればどれほどスピードが変わるのか、ひとつひとつ効果を計測することで、さらなる改善が可能になるからです。タイマーを使わずに生産性を上げようとするのは、体重計に乗らずにダイエットをするようなもので、効果が測定できなければ手法の正しさも確認できません。

調査・分析と資料作成に関していえば、新人は一年かけて、その生産性を五倍以上に上げていきます。その時点とマネージャー昇格時を比べると、さらに三倍以上は生産性を上げる必要があります。パートナーを目指すなら、そこからさらに数倍の生産性の向上が必要でしょう。マッキンゼーにおいて成長する、昇格するとは、仕事の生産性を上げることに他なりません。

そもそも「A bad decision is better than no decision」（誤った決断でも何も決断しないよりはマシ）とさえいわれる経営の世界では、「最高の判断をするために数カ月も考え続け、その間はなんの判断もしない」というのは受け入れられません。時間価値が極めて重要な分野で仕事をしているのだということを理解させるためにも、自分は何にどれだけの時間をかけているのか、きちんと自覚させることが必要なのです。

ちなみに私自身、今でもよくタイマーを使います。二〇〇〇字の原稿を書くのにかかった時間、その構想を練るのにかけた時間、朝のメール処理にかかった時間などを計ってメモしておくだけで、「この時間を半分にするには、どうすればいいだろう？」と自分に問うきっかけが得られるからです。

よく知られているようにストップウォッチは、製造現場の生産性改善に不可欠なツールです。ストップウォッチを使わない生産性向上に熱心な工場など、存在しないでしょう。

一方、ホワイトカラーの職場でストップウォッチを見ることはほとんどありません。事務部門の人の中には、「自分たちはそんなモノで計られる仕事ではなく、もっと創造的な仕事をしているのだ」と言う人もいますが、本当にそうでしょうか？ ホワイトカラーの仕事の中にも、毎日、毎週、毎月繰り返している定型的な仕事が大量に含まれているのではないでしょうか？

ブルーカラー業務に対する根拠のない優越感から脱し、「生産性を上げるための基本グッズ」であるストップウォッチが事務部門でも広く使われるようになれば、ホワイトカラー部門の生産性も大きく改善されることと思います。

〝お勉強〟ではなくスキルアップ

もうひとつ、事務部門でストップウォッチが活用できる事例を紹介しておきます。ある企業のある部署で、最近急に海外との取引が増え、英語のメールに対応する機会が増えてきたとします。

こういうときにも「一本の英語のメールを読み、英語で返答メールを書く時間」をストップウォッチで計ります。送信後すぐにメールをプリントアウトし、そのメールを書くのにかかった時間を五分とか、一五分とメモします。このメールプリントをすべて集めておき、グループ内で「英文メールを書くのに使われている時間」を把握して、改善方法を検討するのです。

これをやると、計測時間をメモとして残すのが恥ずかしくなるくらい、一本の英語メールを書くのに長い時間かかっている人があぶり出されます。本人の感覚では「一〇分くらいで書いたはず」と思っていた電子メールを、ストップウォッチは情け容赦なく、「二八分かかっています」と教えてくれます。これは、英文メールを読んで返事を書くという作業の生産性が、自分の認識より三倍近く低いということです。

いわずもがなですが、この仕組みを「評価」に使うべきではありません。そんなことをすると、かかった時間を正しく申告しようという気になれません。時間を計測するのは部門全体の生産性を上げるためであって、個々人のスキルを評価することではないのです。

英語力の向上を社員に課す企業の多くが、英検やTOEICなど英語の検定試験をその指標として使っています。しかし「TOEICの点数が何点上がったら、英語での仕事の生産性が何%向上する」といった直接的な効果があるわけではありません。TOEICのスコアが上がれば転職しやすくはなるでしょうが、それで仕事が速くなるわけではないのです。

一方、英文メールのやりとりを頻繁に行っているなら、「そのメールの処理にかかっている時間を何%短くできたか」ということは、直接的に仕事の生産性に関わります。企業においてビジネスパーソンがもつべき英語力とは、こういった「仕事の生産性を上げるための英語力」なのです。

そして、このような生産性改善に即効性のあるスキルアップを行うからこそ、「今月は仕事が忙しいから部下の指導まで手が回らない」ではなく「あまりに忙しいから、部下を指導してチームの仕事の生産性を上げよう」という話になるのです。

こうして作業にかかる時間を比較すると、同じようなメールを三分で書いている人と、三〇分かかって書いている人がいることも判明します。この場合、三分で書ける人のスキルを三〇分の人に移植するだけで部門全体の生産性は一気に高まります（これも工場の作業改善などで頻繁に使われる手法です）。

といっても英語が得意な人に、英語が不得意な人への英語レッスンをしろと命じるわけではありません。そうではなく、ある人が三分で書いた英文メールをすべてテンプレートメールとしてグループウエアやクラウドフォルダーに保存し、誰でも使えるようにするだけで、他のメンバーの英語メール作成の生産性は大幅に高められます。

ビジネス関連の英文メールは、その多くが定型化されています。英語のネイティブ話者であっても、ゼロからビジネスレターを〝クリエイト〟している人など存在しません。手紙は英語であれ日本語であれ、基本はテンプレート仕事であり、手紙やメールを書くのが速い人は、その定型文をあらかじめ頭の中にもっていて、正しく使えるだけなのです。そんな仕事に毎回頭を抱え、ウンウン唸りながらゼロから文章を書いているなんて、本当に無駄な（生産性の低い）時間です。

英文メールだけではありません。こちらのミスで相手を怒らせてしまった顧客への謝罪文や、先約をしていた人に、自己都合でのスケジュール変更を依頼するメールなど、センシティブな案件について適切なメールを書くのは、たとえ母語の日本語であっても気を遣うものです。

慣れている人にとっては簡単なルーティンのひとつですが、一部のスタッフや新人は、こういった仕事に想像もできないくらい長い時間をかけています。せいぜい一五分くらいで書いたのだろうと思っていたメールを一時間半かけて（残業して！）書いていた、ということさえあるのです。

電話での話し方やメールの書き方といったテクニカルなトレーニングを、「そんなものはアシスタント向けの研修だ」と下に見すぎる傾向が強い組織では、そういった生産性の低い仕事がいつまでも放置されてしまいます。

ひとつひとつ問題点を見つけ出して改善すれば、組織全体のスキルレベルと生産性は、確実に底上げできます。同じ作業を一〇分でできる人と三〇分以上かかる人を長く部内に併存させないこと――これが組織の生産性を上げるために管理職に求められている責務であり、その最初の一歩が、ストップウォッチを使って個々人の作業時間を定量的に把握することなのです。

仕事をブラックボックス化しない

チーム内の人手に対して仕事が多すぎるとき、最も避けるべきは、安易にアルバイトや派遣社員を雇い、仕事をそれら外部要員に任せてしまうことです。

これは、投入労働力を増やすという意味では、残業をして仕事を終わらせるのと同じです。社員の残業量が規制されているから、もしくは、正社員が残業をすると人件費が高いから、社員以外の時間を投入しているだけです。

しかも外部要員に付加価値の低い仕事を任せてしまうと、その仕事のやり方を改善しよう（生産性を上げよう）というインセンティブが組織から消えてしまいます。そして次第に誰も、それらが本来どのくらいの時間をかけてもよい仕事なのか、考えなくなってしまうのです。

そもそも、正社員の人件費ではやる意味がないが、派遣社員の時給なら続けてもいいという仕事に高付加価値の仕事はありません。そうであれば、まず考えるべきは「この仕事はなくせないのか?」ということであり、次が「より効率的な方法はないか？　自動化できないのか?」ということです。

ごく短期の繁忙期に外部要員の力を借りるのは問題ありません。でも、恒常的に忙しい部門に必要なのは、派遣社員を雇うことではなく、仕事自体の根本的な見直しです。

それでも多忙さが解決できないというなら、会社として正社員を増やすべきです。「正社員の給与でやる価値はないが、派遣社員の時給ならやる価値がある」といった付加価値の低い仕事を大量に抱えていると、組織全体としての生産性が下がってしまいます。

IT投資に関しても同様に、まずは、仕事自体の必要性の判断や、プロセスの見直しが必要です。(SAPのような)業務系システムの導入の際、従来のプロセスをそのまま機械化しようととめどないカスタマイズを行い、結果として「多額の予算をかけてシステムを導入したのに、従来の非効率なプロセスが機械化されただけ」に終わってしまったというのも、よく聞く失敗例です。

生産性向上というとすぐ話題になるIT化ですが、どんな仕事もまずは、「そもそもどれほどの価値を生んでいる仕事なのか」ということを吟味したうえでの自動化が必要です。それなしに「とりあえずIT化」を進めても、派遣社員や新人に仕事を回すのと同様、仕事をブラックボックス化し、問題を先送りするだけに終わってしまいます。

派遣社員を雇ったりIT投資をする前には必ず、

- 本当に残す価値のある仕事なのか？　やめられないのか？
- やり方を抜本的に変えられないか？
- 外注化やＩＴ投資で、生産性はどれほど上がるのか？　それは投資に見合うのか？

などを確認するようルール化してしまうだけでも、無駄な仕事を減らすことに役立つことでしょう。

定期的な業務仕分けの価値

組織の生産性向上に特に効果的なのは、定期的に不要な仕事を洗い出す〝業務仕分け〟を導入することです。一〇時間かかる仕事を半分の時間で終わらせるには投資やスキルアップが必要ですが、不要な仕事をやめるのは、ノーコストで即日効果が出るうえ、生み出せる時間も長く、生産性向上の効果が大きいのです。

どんな職場でも、新たなニーズに応じて次々と新しい仕事がつくり出される一方、過去には価値があったが、今はそこまでの価値はなくなったという仕事がたくさんあるのに、それらをやめるきっかけがありません。

そういった仕事がいつまでも残ってしまうのには、構造的な理由があります。ひとつは、それら付加価値の低い仕事の多くが、どんどん経験の浅い新人に移管されてしまうことです。新人には、自分がそれにかけている時間と、その仕事から生まれている価値の比較ができないし、その判断ができる管理職は、誰かがそんな仕事に多大な時間をかけていること自体を忘れてしまいがちです。

また、「以前は大きな価値のある仕事だったが、今の価値はゼロ」なら、廃止しやすいのですが、大半の場合は、「以前は大きな価値のある仕事だったが、今の価値はかなり下がっている」という程度で、ゼロにはなっていません。つまり「やらないよりはやったほうが少しは価値がある」という状態なのです。

このような仕事をやめるには「かかっている時間」と「その仕事から得られている価値」の比較、すなわち、生産性の観点が必要になるため、他の仕事と比較しないとやめることができません。

「価値はゼロではないが、明らかに手間暇に見合っていない仕事」は、ひとつひとつは小さくても、積み重なるとグループ内の一割から二割の業務量に達することもあります。恒常的に皆が残業をしているような部署で、「ゼロよりマシ」なレベルの仕事を行い続けるのは、明らかに非合理なのです。

一年に一度、仕事の閑散期に「部門内の仕事の洗い出しと、不要な仕事の廃止」を行うことを慣習化すれば、他にも多くのメリットが得られます。

ひとつは、部内の仕事の洗い出しを通して、各スタッフがどの仕事にどれくらいの時間をかけているかが把握できることです。管理職が「一時間くらいで終わっているはず」と思っていた仕事に部下は三時間もかけていた、ということはよくあり、指導機会を見逃さないという意味でも有益です。

また部下にとっても、「こんな仕事になんの意味があるの?」と疑問をもっていた仕事について、「その仕事は廃止できない。なぜならこういう価値があるからだ」と説明してもらえる貴重な機会となります。

面倒な仕事だと思っていても、その仕事に大きな意味があったのだとわかれば、今まで以上にやる気をもって取り組めるし、自分の仕事が後工程でどう使われるのか理解できると、より使いやすい形を考えようとするなど、自主的な生産性向上の取り組みも促進されます。

管理職は全スタッフの仕事を理解していても、スタッフ同士はお互いの仕事を理解していない、ということもよくあります。そういう場合も年に一度、全員の仕事の意義をみんなで確認しておけば、休暇もとりやすくなるし、他の人の視点が入ることで、自分では思いつかなかったような「生産性の高い方法」が見つかる場合もあります。

他部署からの依頼を受けて定期的に更新していた資料の中にも、いつのまにか相手部署ではそこまで必要でなくなっていた、というものもあります。もしくは、作成にかかっている時間を伝えれば「そんなにかかっているなら他の方法で代替しよう」と判断されることもあるのです。

年に一度、仕事の棚卸しを通じ、部門の壁を越えて各仕事の意義について話す機会をもてば、組織間の壁も低くでき、連携もよくなります。定期的に「やめられる仕事はないか?」と考える機会をもつことには、多くのメリットがあるのです。

ただし、突発的に「どの仕事を廃止しようか?」という話を始めると、自分が担当しているすべての仕事に価値があると言い張る人が出てくるので注意が必要です。こういう人は、「自分の仕事がなくなり、自分自身が不要になること」をおそれています。

だからこそ業務仕分けは一度だけの特別イベントではなく、毎年の定例イベントにすべきなのです。それにより「今までやっていた仕事をやめるのは特別なことではないのだ。やるべき仕事はどんどん変わっていくものなのだ」という意識が定着するからです。

これを続けていると、定期的な仕分け会議以外のタイミングでも「この仕事はもうやめてもいいかもしれません」と提案してくるスタッフが現れます。この状態こそが、「コストと成果のバランスが悪い仕事はやめるべき」という生産性の意識が、部内の隅々まで行き渡った証拠です。

ネットメディアの運営やモバイル分野の広告業を営むサイバーエージェントでは、二〇一五年、藤田晋社長の下で「捨てる会議」を開催し、三二件の事業や社内慣行を廃止したそうです。その中には「三六〇度評価」（廃止理由：納得感はあるが活かしきれていないと判断）とか遠方での新卒研修合宿（廃止理由：新卒の満足度は高いが、それ相応の研修結果が得られていない。また社員の負荷が大きい）など人事や研修に関する制度も含まれています。

こうしてトップ自らが会議を主催すれば決断もスムーズですし、より大きなレベルでの仕事の取捨選択も可能になります。また、コストの割に効果の低い（生産性の低い）制度を廃止することで、新しい制度を導入する余力も生まれます。多くの企業で導入されるべき会議ではないでしょうか。

長期休職者が出たら大チャンス

昨今は出産や育児を伴う女性社員の働き方に配慮する企業が増える一方、新たな問題も起こっています。それは、休暇をとったり時短勤務をする女性の仕事を、いったい誰が引き受けるのかという問題です。

長期休暇をとる社員が増えれば増えるほど、それらの休暇をとらない社員の負担は増え、不公平感が増します。結果として組織内に不協和音が生じたり、休む側にも気兼ねが生じ、ワーキングマザーにふたり目の妊娠を躊躇させる理由にもなっています。

しかし本来はこういうときこそ、生産性の向上に目を向けるチャンスです。五人の部署でひとりが半年間、休暇をとるという場合、残る四人が生産性を二五％向上できれば、人数が減っても部門全体では今までと同じ成果を上げられます。

最悪なのは誰かが休みをとることになったとき、その人の仕事をそのまま〝他の誰かに適当に割り振る〟ことです。これは、「残りの四人に二五％長い時間働いてもらって問題を解決しよう」という方法ですが、これでは残ったメンバーはたまりません。働くモチベーションや組織へのコミットにも悪影響が出てきてしまうでしょう。

たとえ数カ月とはいえ、ひとりメンバーが抜けるのは大きな負担です。だからこそ、こういった機会をとらえ大幅に生産性を上げられる「業務仕分け」を導入すべきなのです。この場合、休暇をとる人だけでなく、他のメンバーの仕事も含めて部門全体の仕事の中から「かかっている時間や手間に比べ、価値の低い仕事」を割り出し、やめてしまえないかと検討します。

五人がそれぞれ自分の仕事の一〇%を廃止できれば、合計で〇・五人分の仕事が減るのですから、ひとりが休みをとっても、残りの〇・五人分の仕事をどう皆で支えるかと考えればよくなります。

なくせない仕事についても、「これを半分の時間で行える方法はないか」と考えます。IT化や得意な人への集約、得意な人から苦手な人へのスキル移転など、方法はいろいろあるはずです。

加えて、在宅で行える仕事もリストアップし、休みをとる予定の人が担当できないかも検討しましょう。長期休職者の中には、仕事に追いつけなくなることを不安に思う人も多いので、何かしら在宅でできる仕事があれば、休職中も会社とつながっていることが可能になります（もちろん報酬体系については、会社としての検討が必要です）。

こういった新しい働き方の検討は人事部の担当業務であって、自分の仕事ではないと考える現場の管理職もいます。しかし「誰か上の人が完璧な新制度を提示してくれたら、私はそれに従います」などと言っているようでは、まったくリーダーシップが感じられません。本章の冒頭に、管理職の仕事は「チームの生産性を上げること」ではなく「チームの生産性向上のためにリーダーシップを発揮すること」と書いたのはこの意味です。

男性の育児休暇取得がよい例ですが、在宅ワークを含め新しい働き方については、人事部がいくら強力に推進しても、現場の実情に合っていなければまったく取得率は上がりません。むしろ現場から「こういう働き方を認めてくれれば、組織の生産性が向上する」という提案があり、それを人事部側がパイロットケースとして支援し、微調整をしながら全社で制度化していく、という方向のほうが現実的な制度設計が可能になり、導入もスムーズに進むと思われます。

このように「誰かが休暇をとるなら、その分、チーム全体の生産性を上げる」——これが大原則なのだという認識を共有することが、育児や介護などのため長期休暇をとる社員がますます増えるであろうこれからの時代を乗り切っていくためにも重要なこととなるのです。

「みんなで高め合う」体験を

部門内でお互いの仕事について「より生産性の高い方法はないだろうか」と話し合うことも有用なのですが、これもあまり定着していません。

ホワイトカラー部門では多くの人が自己流で仕事をしており、同じ部署のスタッフにさえ、仕事のやり方を知られるのは恥ずかしいと感じたり、やり方が非効率だと指摘されると、評価に響くかもと心配する人がいます。

ご存じのように、製造現場ではすべての人の仕事振りが公開されています。個々人の間にパーティションがあったりはしないし、時には自分の後ろに（許可もとらず）誰かが立っており、作業時間をストップウォッチで計っていたりもします。

そして「この作業の手順はこう変えてはどうか」「部品の置き場をこう変えてはどうか」といった話し合いが頻繁に行われ、実際に試されています。そういう環境から、世界で最も生産性の高い製造現場が生まれているのです。

「上司でもないのに、他のメンバーの仕事のやり方に口を出すのは憚られる」という人の気持ちは、「感謝される可能性もあるが、嫌な気持ちにさせてしまうかもしれない。そうなれば関係もぎくしゃくする。そもそも自分は管理職でもなく、アドバイスをするような立場でもない」というようなものだと思いますが、この言葉にはまさに、生産性の概念とリーダーシップの欠如が現れています。

マッキンゼーでは、みんな他者の仕事のやり方についてアレコレ（上司でもないのに空気を読まず）アドバイスをします。それは、

- そうすることで、チーム全体の生産性が高まるから
- たとえ管理職でなくとも、リーダーシップをとってチームに貢献するのは当然だから

です。また、アドバイスの目的はチームの生産性を上げるためだと全員が理解しているので、アドバイスをされた相手も嫌な思いなどするはずがないとも考えています。

こういう意識が組織の中に定着すれば、生産性は大幅に上げることができます。そして管理職の仕事とは、まさにそういった環境づくりをすることにあるのです。

ノウハウの言語化を促進

仕事のやり方についてみんなで話し合う機会をつくると「○○さんにしかできない仕

事」のマニュアル化、テンプレート化も進められます。

「あの人にしかできない仕事」は、当人の高い評価につながっていることも多いのですが、一方でその人は、「自分の仕事を伝達可能な形に要素分解し、他の人にもできるようにすることで、組織の生産性を高めるという貢献ができていない人」ともいえ、組織としては、その人の急な病気や退職、休暇取得の際の大きなリスクを抱えてしまいます。

本当の意味で仕事ができる人というのは、少ないインプットで高い成果の出せる生産性の高い仕事のやり方を考案し、その仕事が他の人にも可能になるよう言語化し、移植できる人です。そして自分自身は、どんどん違う仕事にチャレンジしていく人のことです。「自分にしかできない仕事」にこだわり、その仕事に忙殺されて他の新しい仕事にチャレンジする余裕をもてず、何年も同じやり方で同じ仕事を続ける人を「できる人」と呼ぶべきだとは、私にはとても思えません。

一子相伝の職人の世界とは異なり、そういった仕事やスキルの抱え込みは、組織の生産性向上より自己保身や職場における自身の心地よさを優先する身勝手な働き方であり、高く評価されるべき働き方ではないのです。

とはいえ、いざ自分にしかできない仕事を他者に引き継ごうと思っても、「得意な仕事のマニュアル化」をひとりで行うのは容易ではありません。得意なことというのは「いつの間にか人よりうまくできていた」ことも多いからです。

ところがミーティングで、「どうやっているのか」「どこがポイントなのか」「何に気をつけるべきなのか」と口に出して説明し、他者からの質問を受けて回答していると、それによって自分のやっていることが言語化しやすくなります。

よく「深く理解できたことは、人に教えられるようになる」といいますが、逆も同じで、人に教えようとすると、これまで体でしか理解できていなかったことを頭で理解できるようになります。言葉に発して説明することは、説明している側の思考の整理に大いに役立つのです。

アベレージパフォーマーの中には、「得意な仕事がひとつ、苦手な仕事がふたつ」といったように、得意分野と苦手分野のスキル差が大きな人も少なくありません。それぞれの人が自分の得意分野のノウハウを他のメンバーと共有すれば、すべての人が組織全体の生産性向上に貢献できます。

今は自分にしかできないこの仕事を他の人ができるようになったら、自分の存在意義が下がってしまう――社員にそんなふうに思わせてしまったら、組織づくりは失敗です。そうではなく「自分のスキルを共有することでチームに貢献したい」といかに思わせるか。それが、管理職の腕の見せどころでしょう。

人は長い間同じ業務を続けていると、思考をとめて手だけを動かし、機械的に作業を続けるようになります。「とりあえず目の前の仕事をこなす」モードに入ってしまい、集中力は高いけれど、頭はまったく動いていないという状態に陥るのです。

余計なことを考えずに集中することも時には必要ですが、そういう時間が労働時間の大半を占めてしまうと、生産性はまったく上がらなくなり成長もできません。だから無理矢理にでも「もっと生産性の高いやり方はないのか」と考える時間を確保すべきなのです。

一般的にホワイトカラー部門で働く人は、「自分の仕事は自分にしかわからない」と考えすぎだし、余計なプライドをもちすぎです。みんなで話し合ってみたら、その仕事をまったく知らない他部署のスタッフや、ずっと若い新人から発せられた質問に端を発して、すばらしいアイデアが出てくることもよくあります。クリエイティブな仕事をする組織が人材の多様性を確保しようと常に意識している理由も、まさにそういう点にあるのです。

三割と三%の両方を意識する

最後に、チームの生産性向上のために管理職が掲げるべきゴールについて書いておきます。それは、「常に三割と三%というふたつの生産性向上を目指す」ということです。

第1章で、生産性を上げる方法にはインプルーブメント（改善）とイノベーション（改革）のふたつがあると書きました。三％の生産性向上はインプルーブメントによって達成すべき目標で、三割のほうはイノベーションによって達成すべき目標です。

製造現場であれば、三％の改善のためにはラインの作業手順を見直し、三割の生産性向上のためには、設計自体の変更を行います。部品についても、三％なら原料調達先の変更で実現できるでしょうが、三割となればまったく新しい素材を開発・採用するなど、イノベーションが必要になります。それと同じことが、企画や事務部門でも必要です。

また、三割と三％のふたつの目標を与えることで、単なる日々のオペレーション改善活動だけでなく、業務のあり方を根本的に変える大きな革新を目指すことも現場の管理職の責務であると、認識させることができます。

三割もの生産性向上を実現しようと思えば、

- 人工知能やビッグデータ、ＩｏＴといった最新技術の導入
- アナログからデジタルへやハードからソフトへといった思い切った事業ドメインの変更
- 機能の切り離しや課金方法の変更など、ビジネスモデルや業務プロセスの見直し

なども必要になります。

現場のスタッフが単独で実現できる三％の改善とは異なり、三割もの生産性改善を実現するには、管理職の強い意思とリーダーシップが必要で、実施期間も一年を超え、長期的な視野や計画性、リスクをとっての判断も求められます。

そういった仕事を、「経営陣が考えるべきことであって一部門の管理職にすぎない自分の仕事ではない」と思わせてしまい、オペレーショナルな仕事に専念させてしまわないために、現場の管理職に対し「三％と三割の生産性改善」を目標として与えるのです。

本章の冒頭で、管理職の使命は「チームの生産性向上のためにリーダーシップを発揮すること」だと書きました。目の前の仕事をミスなくこなすだけでなく、将来を見据えて今何をすべきなのか、しっかりと考えさせ、決断までさせる――そのためにも管理職のミッションとして（業績を上げることと部下の育成を行うこと、といった言葉の代わりに）「三％と三割の生産性向上を実現するためのリーダーシップを発揮せよ」と明示することが役に立つのです。

第7章

業務の生産性向上に直結する研修

研修の生産性を上げる

企業は社員向けにさまざまな研修を行っています。しかし、それら研修の生産性について、とても高いと評価をしている社員はどれほどいるでしょう?

何十人、何百人が一堂に集められる集合研修は開催の人件費コストが極めて高額です。一〇〇人が二時間の研修に参加すれば合計二〇〇時間分の人件費が投入されているわけですが、はたしてその研修はそれ以上の効果をもたらしているのでしょうか?

企業の研修とは仕事の生産性を上げるための投資です。研修を受けたことで参加者の生産性がどれほど上がるか、上がったか、ということは、研修自体の生産性として常に意識される必要があります。ところが中には、「勉強にはなったけれど、仕事の生産性にはあまり影響がない」という毒にも薬にもならないレベルの研修がたくさんあります。

研修が仕事の生産性向上に直結しない最大の理由は、そこで教えられることが抽象的かつ一般的で、日々の仕事で必要とされる実務スキルを習得することが難しいからです。終身雇用を前提とする組織では、数十年単位で社員の成長をサポートしているため、研修の成果についても数年単位で役に立てばよいと考えているのかもしれません。

一方、社員の在籍期間が短い外資系企業では、研修には参加直後から業務の生産性を上げるという即効性が求められます。このためそのスタイルは、日本企業の研修とは大きく異なっています。具体的には講義形式の研修が少なく、ロールプレイング形式の研修が顕著に多いのです。

ロールプレイング研修とは、参加者が役割分担をし、実際の仕事場面を再現しながら学ぶ「役割を演じる形式」のトレーニングです（この形式のトレーニングについてまったくイメージのない方は、本章末の参考資料を先にお読みください）。

私はコンサルタントとして五年、人事マネージャーとして一二年、合計一七年間、マッキンゼーに在籍しました。前著にも書きましたが、コンサルタントを辞めて人事担当に移ったのは、同社の「人を育てる仕組み」に強く関心をもったからです。

在職中には私自身も多くの研修を受けましたが、その中で最も印象に残っているのが、マネージャー昇格の半年ほど前に受けた昇格準備研修でした。

「判断」の練習をする研修

その研修は、コンピュータを使ったRPG（ロールプレイングゲーム）仕立てのプログラムを利用して、マネージャーとして必要なスキルを学ぶというものでした。

各国から集まった国籍混合の五人ほどがチームを組み、一台のコンピュータを囲んで、プロジェクトマネジメントゲームにチャレンジします。ゲームの中では仮想クライアントから仮想の経営課題が与えられ、参加者はマネージャーとして仮想チームを率いながら、プロジェクトを進めます。

ゲーム内のさまざまな場面で、研修の参加者は判断を迫られます。そしてその判断に応じ、顧客企業からの評価はもちろん、自分の睡眠時間、部下や家族の満足度などさまざまな指標が変化するのです。

たとえば顧客からのリクエストにすべてイエスと返事をしていると、顧客からの評価は上がる一方、部下のフラストレーションが高まり、自分の帰宅時間も遅くなって、家族の不満も爆発します。

仕事を引き受けすぎると自分の睡眠時間が減り、一定以下の睡眠時間になると「過労で倒れて三日休み」というメッセージが画面に現れ、チーム一同、凍りついてしまったりもします。

仮想チームのマネジメントも簡単ではありません。マーケティング分野の仕事が得意で実績もある若い部下が、今回は苦手な財務分析にチャレンジしたいと言ってきた。さて、マネージャーとしてどちらの仕事を割り振るか、と問われる場面もありました。

リクエストを拒否してマーケティングの仕事を与えれば、仕事ははかどるけれど部下の不満度が高まり、それを放置するといきなり「会社を辞めたい」と言い出し、フォローアップのために余計な時間をとられます。

では希望通りに財務の仕事を割り振ればいいのかというと、この場合は締め切り直前になって分析資料に大きなミスが発覚し、同じくフォローアップに多大な時間をとられるといった具合です。

他にも、顧客のリクエストに応じて上司である自社役員のスケジュールを押さえていたのに、直前になっていきなり「他のアポが入った」とキャンセルされ、対応に追われたりもします。ただし、事前に（睡眠時間を削ってでも）役員に対して今回のアポの重要性を伝えていた場合は、このキャンセルは起こらない——と、非常によくできたプログラムでした。

参加者がこのＲＰＧ研修から学ぶべき最も大切なことは、「マネージャーの仕事とは、トレードオフが存在する状況において判断を下すこと」だと理解することです。

ゲーム中に現れる選択肢は、どれかひとつが正解で、残りが不正解と分かれているわけではありません。「どちらも正解であり、どちらも完璧ではない」という選択肢が複数示され、その中からどれを選ぶかという意思決定の練習なのです。

これは実際の仕事でもまったく同じであり、研修の参加者はこのプログラムを通じて、マネージャーの役割とは、

- どれも正解でどれも不正解である複数の選択肢からどれかを選ぶこと
- 選んだ選択肢に伴う問題をあらかじめ想定し、備えておくこと

だと学ぶわけです。

より端的にいえば、マネージャーの仕事とは、

- 決断をすること、と
- リスクに備えておくこと

となります。

これを学んでおかないと、マネージャーになった後、決断すべきタイミングを迎えているのに延々と複数の選択肢のメリットとデメリットを分析し続ける「決められない管理職」になってしまいます。

なぜ決められないのかといえば、どこかに完璧な正解である選択肢があるはずだと誤解し、いつまでもそれを探し続けてしまうからです。この研修に参加する「もうすぐマネージャーになるコンサルタント」たちは、そのことをゲームの中で繰り返し問われ、「完全な正解など存在しない。リスクをとって決断するのがマネージャーの仕事なのだ」と学んでいきます。

各判断ポイントには、自分で結論を出すことを避け、「上司であるパートナーに相談する」という選択肢もあるのですが、これを選んでいるとRPG研修ではほとんどの場合、「間に合わない」「決断が遅くなって問題が悪化する」といった状況に陥ります。

難しい状況でも逃げずに意思決定ができるよう訓練するためでしょう。このように外資系企業では、「意思決定をする」「判断をする」という練習もロールプレイング形式の集合研修の中で行うのです。

グローバルチームでの働き方を学ぶ

それぞれの判断ポイントでどの選択肢を選ぶべきか、各国から集まった参加者同士で話し合うことも、この研修の大きな価値となっています。

ゲーム中（＝研修中）メンバーで話し合っていると、「家庭を犠牲にしてまで顧客の無茶な要請に応えるべきではない」という意見と「家族にはクリスマスに大きな休暇をとって埋め合わせをすればいい。今はマネージャーとして踏ん張るべきタイミングだ」など、まったく異なる意見が出てきます。

マーケティングが得意なのに財務分野を担当したがる部下に、どの仕事を任せるべきかについても、「当然、マーケティングの仕事を与えるべきだ。財務をやらせるなんてリスクが大きすぎる。個人の成長より顧客の利益が優先なのは当然だ」という意見もあれば、「そんなことをしてメンバーがやる気をなくしてしまったら、それこそ顧客の利益にはならない。部下が新しいことにチャレンジできるよう、バックアップすることこそがマネージャーの仕事では？」と、いずれももっともに聞こえる意見が出てきます。

このため研修メンバーは、判断ポイントに出くわすたびに「どちらの判断が妥当だろう？」「こういう状況においては、どのような考えに基づき判断を下すべきなのか？」といちいち話し合います。

その議論を通して、自分にはない別視点の判断基準も得られるし、文化的な背景の異なるグローバルチームで働く際には、ある人にとっては説明不要とさえ思える「当然の選択」が、別のメンバーにとっては「極めて理不尽な選択」にみえる可能性や、個々の判断の理由はきちんと言葉にして説明をしないと、メンバーの不信感が高まりチームが機能しなくなるリスクがあるといったことも理解します。

異文化理解とか多様な価値観の理解のため、講師が語る「○○国の人たちは、こういう行為をこういう意味だと考えるので注意しましょう」といったレクチャーを聴く集合研修は、時に他国の慣習を学ぶだけの「お勉強」に終わってしまいます。

しかしこうして業務シーンを再現し、日常的に出くわす典型的な判断について話し合うロールプレイング形式の研修を行えば、各国の文化的背景や価値観が、どのように現実のビジネス判断に反映されるのか、リアルに学ぶことができるのです。

これが海外のメンバーとチームを組むことも多い外資系企業でロールプレイング研修が

よく使われる理由のひとつなのですが、今後は海外企業との合弁事業が増える日本企業でも、こういった研修の価値はとても大きいのではないでしょうか。

ゲームの中では「金曜日の夜にクライアントから飲み会に誘われました。あなたは家族と夕食を食べる約束をしています。参加しますか？　断りますか？」といった選択肢も出てきます。

ここでは「家庭か仕事か」という価値観に関する議論だけではなく、今このタイミングで顧客と飲み会をすることにどういう価値があるのか、という議論も行われます。

時々、「外資系企業には〝お客さんと飲みにいくのも仕事のうち〟なんていう感覚はないんですよね？」と聞かれることもありますが、そんなことはありません。

達成すべき成果目標が、「相手の警戒感を解き、こちらの新メンバーに親近感をもってもらうこと」や「不満がたまっているようなのに、はっきり指摘してもらえない。問題の原因を聞き出す必要がある」のであれば、飲み会は非常に生産性が高い方法です。

毎週のように同じ顧客と飲みにいくことが仕事の生産性を高めるとは思えませんが、何度の会議を経ても本音を打ち明けてくれなかった取引相手が、四時間の飲み会一度で距離を縮めてくれるなら、それは非常に生産性の高い問題解決方法だといえます。

このように飲み会の効用についてさえ＝どういう場合に顧客との飲み会を開催すべきか

ということについてまで、ロールプレイングで話し合いながら学んでいくのです。

ロールプレイング研修の多彩な価値

マネージャー昇格準備の研修ではコンピュータ上のＲＰＧが使われましたが、通常は、参加者がさまざまな役割を演じながら仕事上の状況を再現する一般的なロールプレイング研修が行われます。いずれの場合も、このスタイルの研修で参加者が学ぶよう期待されている価値は、極めて多岐にわたります。

具体的な話し方の練習ができる

研修とは業務に必要な知識を身につけたり、仕事に対する意識を変えるためのものであり、「学んだ知識を使う練習は現場で（ＯＪＴで）行うべき」と考えている企業がたくさんあります。

しかし、研修に即効性を求める外資系企業では、知識を得るだけでなく、ビヘイビアー（Behavior　どんなときに、どう行動すべきか）の練習まで研修時間内に行ってしまうべきと考えています。

ロールプレイング形式の研修で特に効果の高いのが、コミュニケーションの練習です。コミュニケーションというのは、リスクフリー環境における反復練習の効果が非常に高い分野です。

私もマッキンゼー在職中は、会議のファシリテーションやプレゼンテーションについてはもちろん、より日常的なコミュニケーションに関しても、実際の場面を想定したさまざまなロールプレイング研修の中で学びました。

その中には、「仕事を辞めたいと言い出した部下との面談」や「大きなミスをした部下との面談」「五分しか時間のない上司に電話で業務報告をする際の話し方」「労働組合のメンバーに、今回行うプロジェクトの意味を説明する＝人員削減が行われるかどうかを尋ねられ、答えるミーティング」など、「実際にそういう状況におかれたら、相当に当惑するだろう」と思えるような、極めて具体的な状況設定が数多く含まれていました。

これらをすべて仕事をやりながらＯＪＴで学べと言われたら、時間もかかるし、リスクも大きく「異なる方法をいくつも試してみながら学ぶ」といった方法はとれません。しかし研修プログラムというリスクフリーの環境であれば、少々リスクが高いと思える方法も含めさまざまな話法を練習しておくことが可能になるのです。

フィードバックが得られる

もうひとつは、フィードバックの価値です。「実際にやってみる」ロールプレイング研修では、その「実際にやってみた状況」に対し、他の役を演じていた参加者から、その場でフィードバックを得ることができます。たとえば、営業トークの練習をやった直後に、顧客役を演じた同僚から「顧客の立場からどう感じたか」を教えてもらえるのです。

時には、自分が営業担当役として自社商品を強力にアピールした後、顧客役を演じた複数の同僚から、「そんな弱気な話し方では商品の魅力が伝わらない。もっと押すべき」という意見と「そんな言い方では威張っているように聞こえる。もっと謙虚に」というまったく異なるフィードバックが返ってきたりもします。

これにより研修の参加者は、同じ言い方でも受け手の感覚によってまったく反対の反応が起こりえることが理解でき、特定スタイルのコミュニケーションを学ぶことより、相手の気持ちを探りながら話すことが重要なのだと学ぶことができます。

ひとりの講師から多数の受講者に向けてレクチャーが行われる一般的な集合研修では、講義+質疑応答は行われても、個々の参加者に対して個別具体的なアドバイスが与えられることはありません。

具体的なフィードバックが直接得られるロールプレイング形式の研修は、一般的な研修よりはるかに迅速なスキルアップに役立つのです。

相手側の立場を体験できる

「相手の立場に立つ練習」ができるのも、このトレーニングの大きなメリットです。

たとえば営業ミーティングのロールプレイングを行う研修では、参加メンバーはそれぞれ「顧客側の社長の役」「顧客側の実務担当者の役」「自分の上司（部長）の役」「自分の役」を順番に担当します。

自分の役を演じているときは営業トークの話法を練習するのですが、やってみると最も学びが大きいのは、相手側など別の人の役を演じているときだとわかります。

若手コンサルタントが上司の役を演じてみると、いつもの自分の言動が上司からどう見えているか、初めて理解できたりします。反対側のイスに座って顧客の社長役をやってみると、いつもの自分が先方からどう見えているのかも、強く意識できるようになります。

こうして「相手から見ると、別の人から見ると、自分の言動はどのように見えているのか」という視点を得ることで、実際の仕事の最中にも自らの言動を客観視することが可能になるのです。

チーム内でスキルを共有できる

同じ部署の他の人がどのようなスタイルで仕事をしているのか、実際に見る機会は、案外限られているものです。このため自分が新人のときに同行指導をしてくれた数少ない上司や先輩のやり方を、長年にわたってそのまま踏襲していたり、どこかで考案した自己流のやり方をずっと使い続けているという人が多数にのぼります。

ところがロールプレイング研修を行うと、目の前で同僚がその仕事振りを再現してくれるのです。これにより、「そんなアプローチは考えたこともなかったが、実際に見てみるとたしかに使えるかも」といった新しい発見が得られます。

さらにそのやり方を考案した本人から、そのようなアプローチを使っている理由、どういう場合に特に効果的か、どういう場合は使うべきでないか、などの実践的なアドバイスも得ることができます。

ロールプレイング研修は、いつでもどこでも同じようなコミュニケーションばかりしていた多くの人にとって、「まったく異なる別のコミュニケーションスタイル」を手に入れることのできる貴重な機会にもなるのです。

緊急時対応も事前に練習できる

何か大変なことが起こったときにどう動くべきかという知識だけを集合研修で与え、実際の練習はOJTに任せてしまうと、緊急時対応に関してはまったく練習機会が得られません。緊急時とは（定義上）そうそう頻繁に起こることではないからです。

昨今、リスクマネジメントに関する意識は急速に高まりつつありますが、実際に何か大きな問題が起こったとき、どのように振る舞うべきか、本当の練習ができるのはロールプレイング研修だけです。火災や地震に備えた消防訓練や避難訓練も一種のロールプレイング研修ですが、業務上の緊急事態に関しても、そういった訓練は不可欠です。

特に突発的なトラブルは仕事の生産性を大きく下げてしまうので、万が一のときの練習を事前にしておくことの価値は非常に大きいのです。

〈突発的なトラブルが仕事の生産性を大きく下げる理由〉

- 対応策が非定型のため、管理職やベテラン社員など経験値が高い人の時間が大量に必要とされる
- 緊急対応がすべての業務に優先するため、通常業務に大きな影響が出る

- 同じ作業でも、平常時に比べ無用な時間や余分な手間がかかる
- 組織全体がパニックになったり、通常より急ぎの処理が必要となるため、二次トラブルを起こしやすい

緊急時対応のロールプレイング研修を設計するには、部内で何かトラブルが起こるたびに、「起こったこと」「原因」「どうすれば防げていたか」「対応時のポイント」を簡単にメモしておき、蓄積しておきます。そしてその実際に起こったトラブル事例を使って、ロールプレイング研修を設計するのです。

大きな問題が起こったのに上司が出張中で捕まらない。けれど対応は一刻を争う。そういう事態に陥ったとき、上司に連絡がとれるまで待つのか、自分でなんらかの緊急対応を行うのか、その場合、具体的には何をするのか——ロールプレイングで話す練習までしておけば、危機対応マニュアルを渡されそれを読んで知識として理解しておきなさいと言われる研修とは、まったく異なるレベルの準備ができるはずです。

このようにロールプレイング研修には、

- 知識取得だけでなく、言動の練習ができる

- 豊富なフィードバックが得られる
- 他者の視点に立って、いつもの自分の行動を振り返ることができる
- 多彩な業務遂行スタイルを学べる
- ほとんど起こらない事態にも備えておける

といった多くの価値があり、研修を受ければその日からでも仕事の生産性を上げることが可能になります。

一方、一般的な集合研修の生産性は必ずしも高くありません。「おもしろかった」「勉強になった」「考えさせられた」が、「だからといって、具体的な仕事の生産性が上がるわけではない」という抽象度の高いものが多いからです。

このような「いつか役に立つだろうが、それは明日でも来週でもない」といった研修ばかりをやっていると、「今週は仕事が忙しいので研修に参加している暇はない」と考える人が出現し、極端にいえば「研修とは暇な人が参加するもの」という本末転倒な認識が広まってしまいます。

講師を決めればあとは全員を集めて座らせるだけという講演形式の研修は、準備をする主催者にはとてもラクな研修です。しかし研修には数十人から時には数百人という多人数の時間が投入されるのですから、「研修の生産性」という観点からも、その内容が本当に

業務の生産性向上に役立っているのか、定期的に吟味されるべきでしょう。

課長も部長も役員も

外資系企業の多くでは、こういった研修を新人だけでなく、マネージャーや部長にも、そして役員にも受けさせせています。マッキンゼーの上級役員（パートナー）も、「顧客企業の経営トップとのコミュニケーション」をロールプレイング形式で学ぶグローバルトレーニングに定期的に参加します。

講師は何十年もコンサルタントを務めている各国のベテランコンサルタントですが、前述したように、ロールプレイング研修の学びは講師から得られるというよりは、ともに研修に参加する仲間から得られるものが大半です。

パートナーらにとっても、顧客である経営者側の役割を演じ、その立場や視点を理解することには価値があるし、いつもは別々に行動することの多い他のシニアなパートナーの話し方を見て、それぞれが「自分の十八番のコミュニケーションスタイル」だけでなく、新しいコミュニケーションスタイルを身につけるきっかけとすることも期待されているのでしょう。

コンサルティング業界だけでなく、世界各国に支社や支店をもつグローバル企業では、各国のトップ（現地法人の社長）を集めて同様の研修を行う企業も少なくありません。その内容も、「誰かエライ人の講演を聞く」といった受け身なものだけでなく、具体的な課題についてグループで話し合い、発表して議論する、といった非常に実践的なものです。

一般的な年次別の研修では、受講する参加者の年次が上がれば上がるほど研修内容が抽象的になりがちです。新人は日々の実務に関するテクニカルな研修を受けるのに、課長は管理職としての務めについて人事部の説明を聞くだけ、さらに役員になると、外部から招いた有名講師のありがたいお話を聞くだけと、なぜか立場が上がるほど、受ける研修の中身が抽象的で受け身なものになるのです。

「立場が高い人にテクニカルなことを教えるのは失礼」とか、「新人でもないのだから、必要ならそれくらいは自分で学べるだろう」と考えられているのかもしれませんが、誰であろうと、日々の仕事の中で実際に直面する状況を模して練習することの意義は変わりません。

上位職位者は新人より給与も権限も大きいのですから、当然に、新人より速いスピードで成長を続けることが期待されています。そのためには、より積極的に研修を受け、仕事に活かしていくことが求められているのです。

取締役会での議論ファシリテーションの方法、他社と競い合っている顧客のキーパーソンとの話法、事業の方針が大きく変わったときや大きな問題が起こったとき、部門内会議で全スタッフに向けて話す練習、投資家向けに事業戦略についてプレゼンをする練習など、上位ポジションの人にも役立つロールプレイングの場面設定はたくさんあります。

人事部は、高位の管理職に向けてはやたらと高尚な研修を組みたがりますが、こういったテクニカルな研修を「レベルが低い」「役立たない」と決めつけてしまうのは、とてももったいないことです。

最初は現場での新人研修から

そうはいっても、自分自身一度もロールプレイング研修を受けたことがない人事部や研修部のスタッフが、いきなり会社の制度としてそういった研修を企画するのは敷居が高いかもしれません。

そういうときは、自部門の新人向けのトレーニングから始めてみればよいと思います。自分はその相手役として研修に参加するだけでも、ロールプレイング研修の意義はよくわかります。

また、こういった「演じる」研修は最初は気恥ずかしく思えますが、何度かやっているとその効果の大きさが実感できるようになり、積極的に取り入れようという気持ちも高まります。

それに、こういった研修は（人事部ではなく）各部門の管理職が主導して部内や課内で企画するほうが適切な場合も多々あります。というのもそのほうが、その部門のスタッフがまさに日々の業務で困っていること、うまくできていないことに関して、ピンポイントの状況設定（ロール設定）ができるからです。

現場の管理職の中には、「研修を設計して実行するのは人事部（研修部）の役目であって自分の役目ではない。自分の役目はＯＪＴで部下を育てることである」と考えている人もいますが、ぜひ発想を変えて、自部門で効果的な研修を企画、設計し、うまくいけば人事部に提案して全社に広げていこうというくらいの気持ちで取り組んでみてください。

それが（前著で説明した）「目の前の問題を自分で解決しようとする姿勢」、すなわち、リーダーシップなのです。

《参考資料》ロールプレイング研修の実際

ロールプレイング形式の研修について、まったく知らない、イメージが湧かない、という方のために、具体的な研修の方法について説明しておきます。

〈営業部門の研修例〉

・参加者＝営業職員　二〇人から五〇人程度
・講師は営業課長など、当該分野において実績と経験がある者数名
・テーブル四卓から九卓（六人ずつに分かれて座る）
・研修内容は、初めて訪れた客先での最初の三〇分の会話（営業トーク）の練習
※できる限り日常的によく遭遇する場面を設定する
・六人の役割
二人＝顧客役（社長役と実務担当者役など）
二人＝自社営業担当役（ひとりが本人、ひとりが上司役など）

一人＝タイムキーパー
一人＝フィードバック担当

・一回のロールプレイは二〇分、振り返りが一五分で一セット三五分

・全員が顧客役と自社役を一回ずつ行える回数＝三回

・トレーニング全体の時間＝二時間半から三時間
最初の三〇分＝説明と準備
ロールプレイング　三五分×三回＝一〇五分
全体での振り返り　三〇分

・タイムキーパーはストップウォッチを使い、時間管理を担当。フィードバック担当は、各ロールプレイ後に営業担当者役にフィードバックを与える他、他の人のフィードバックを引き出すなど、振り返り時間内の司会を担当

・用意する物　ミッションカード一種×三回分、ロールカード三種×三回分

図表25　ロールプレイング研修（イメージ）

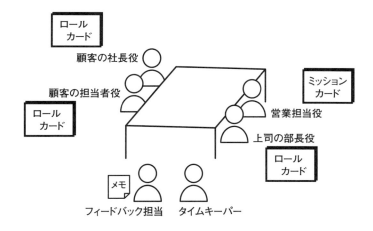

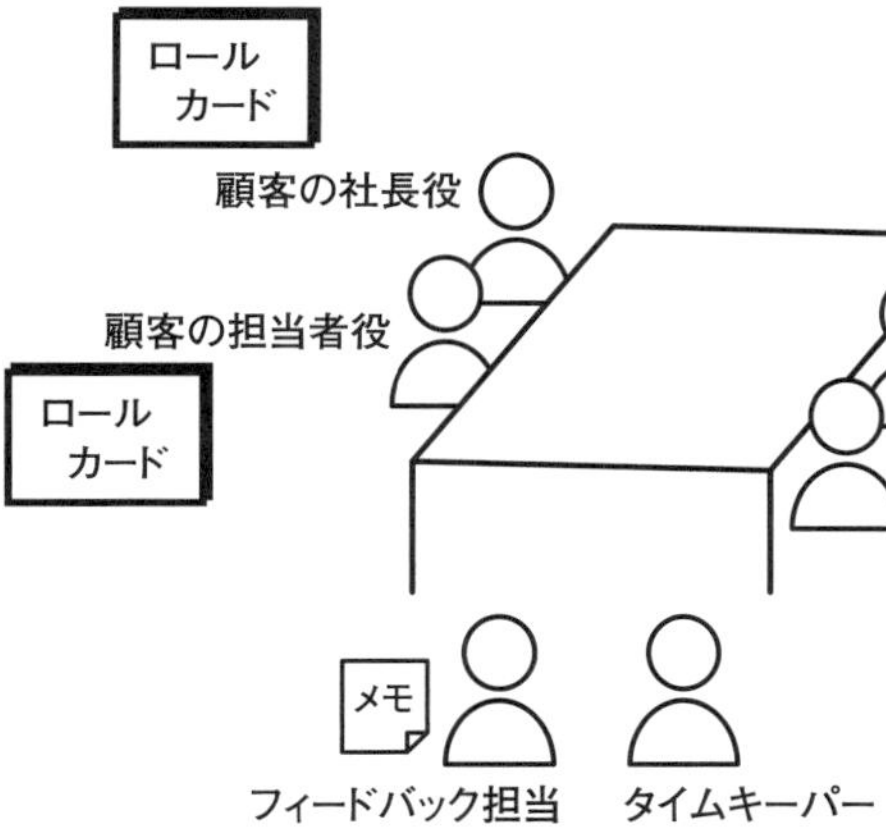

営業担当役に渡されるミッションカードには、時間内に達成すべきミッションが書いてあります（例：相手側の意思決定者と購買意欲、および購買の決め手となる要因を把握する、など）。

ロールカードにはそれぞれの役の人が演じるべき役割が、A4半分くらいの文字数（一分以内に読める分量）で記入してあります。

たとえば顧客の社長役の人に渡されるカードには、社長のプロフィールや考え方、このミーティングに臨む前の心境に加え、「こういうことを言われると反発する」といったNGトピックスなども書かれています。

ポイントは、このロールカードでつくり出す状況を、できるだけ現実に近いものにすることです。自社が常にライバル会社と比べられる状況にあるのであれば、顧客の実務担当者のロールカードには、「コスト面でライバル会社のほうが優れていることをしつこく指摘するべし」といった指示が書かれます。

三回のロールプレイが行われるので、できれば三つの典型的な「よく起こる状態」が再現できるようロールカードを作ると効果的です。

たとえば相手の社長役のカードには、

- 一回目のロールカード＝こちらの説明をほとんど聞かず、価格など取引条件についての質問を繰り返す
- 二回目のロールカード＝五分たったところで携帯に電話が入り、商談を中座する
- 三回目のロールカード＝具体的に問われない限り、ほとんど何も意見を言わず、じっと資料を見ている、など

相手がどんな態度であれ、それにどう対応しながらミーティングの成果を上げミッションを達成するのか、その工夫がトレーニング参加者には求められます。

また、その対応方法への他のメンバーからの指摘（フィードバック）や、全体での話し合い（他にこんな方法があったのではないか？　などの話し合いを最後に全体で行う）からも大きな学びが得られます。

第8章

マッキンゼー流 資料の作り方

アウトプットイメージをもつ

本章では、マッキンゼーの新人が研修やOJTを通して教え込まれる資料作成の方法について、その要点をまとめておきます。

ここで最も重要なことは「仕事に取りかかる前にアウトプットイメージをもつ」ということです。アウトプットイメージ＝仕事のできあがりイメージを最初にもつというのは、「ゴールが何であるかを、スタート時点で意識しておく」ということです。

アウトプットイメージをもたずに仕事に着手するのは、マラソンランナーが走りながらゴールを探すようなものです。ゴールの正確な位置を知らず、だいたいあっちの方向だろうといった方向感だけで走り始めては最短ルートでゴールすることはできません。

最初からゴールの姿を具体的にイメージし、それに必要かつ重要な仕事から優先的に取り組む――そういった生産性の高い働き方をするには、最初からどこを目指して走っているのか、明確にイメージしておくことが必要です。

ビジネスの現場では、顧客向けの提案書から商品の企画書、調査レポート、会議資料からアンケート結果のまとめまで、日々さまざまな資料が作られています。そのために使われている時間の生産性を上げれば、その資料を使って行われる意思決定のタイミングも早めることができ、部門全体、業務全体の生産性も上げることができます。

一方、資料作成の生産性は個人格差が非常に大きい分野でもあります。驚くほど拙い資料を、驚くほど長い時間をかけて作っている新人はどこの職場にもいるでしょう。マッキンゼーの新人コンサルタントも例外ではなく、入社後しばらくは多大な苦労をします。

たとえば、その違いはこんな感じです。

生産性の高い人が、作業開始前にイメージしたアウトプット（資料）を完成させるために不可欠な情報収集や分析のみを行うのに対して、生産性の低い新人は、とりあえず関連のありそうな資料や情報を手当たり次第に集め始めます。

図表26　情報収集の生産性と集められる情報量

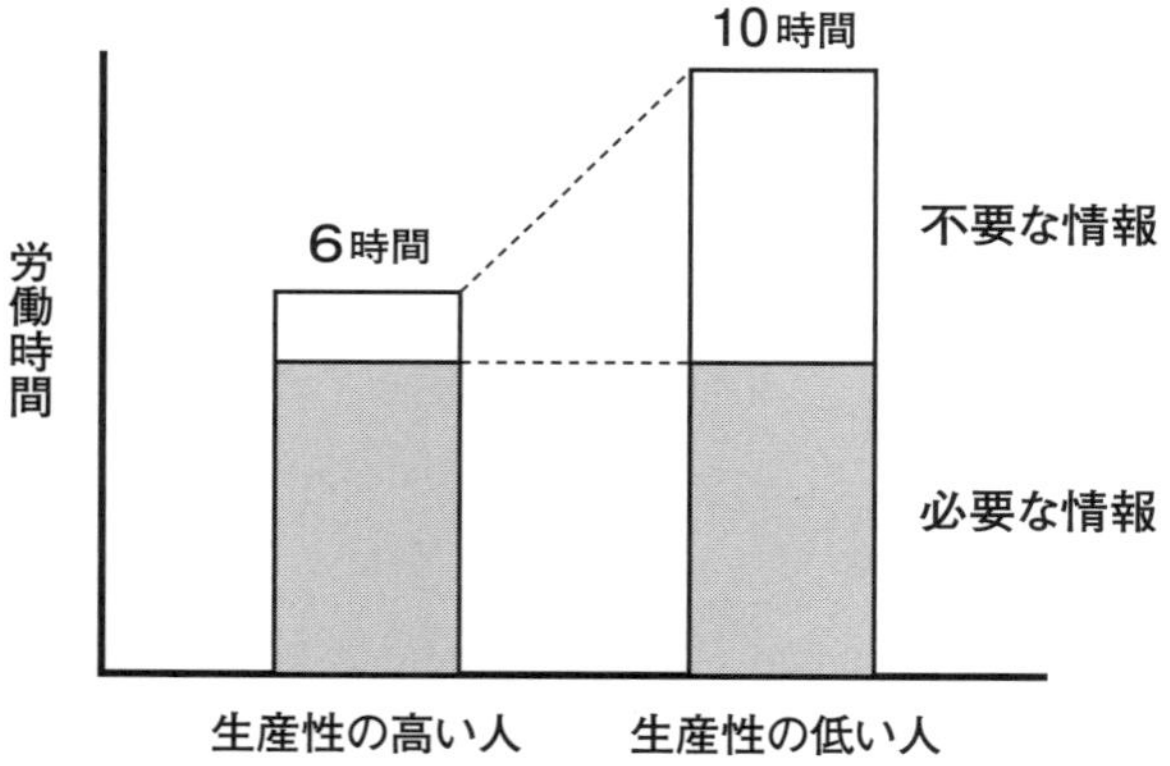

その次は、集まった資料を片っ端から読み込むことに多大な時間を費やし、さらにはそれら膨大な情報をあらゆる角度から分析します。これは、ゴールがどこにあるのかよく確認もせず走り始め、答えのありそうな場所をすべて掘ってみるという場当たり的なアプローチです。

両者の生産性は天と地ほどに異なります。たとえば情報収集。前者は「アウトプットに必要な情報だけ」をピンポイントで集めますが、後者は「当該テーマに関する情報を幅広く」集めます。このため後者が集めた情報には、（知的に関心がもてるし、勉強にはなるかもしれないけれど）今回の業務には不要な情報が大量に含まれています（図表26）。

調査対象業界に関するレポートを見るとき、前者はまず、その資料に自分が求めている情報が掲載されているかどうかを調べます。もし載っていないならすぐに他の資料を探さなければならないからです

ところが後者は、調査対象業界に関するレポートだからという理由で「まずはとりあえず」冒頭から読み始めます。もし、そのレポートに今回のアウトプットに不可欠な情報が掲載されていなかったという場合、それに気づくのはレポートを全部読んだ後です。そして、その時点からまた新たに「不可欠な情報」が掲載されているレポートを探し始めるのです。

このように、アウトプットイメージをもたずに情報収集を始める人は、大量の関連情報を集めながら、ピンポイントに必要な情報を手にするまでに多大な時間を浪費してしまうのです。

ブランク資料を作る

情報収集前に具体的なアウトプットイメージをもつために作られるのが、ブランク資料

です。一般には聞き慣れない言葉かもしれませんが、コンサルティングファームではブランク資料を作らずに情報収集を始めることは不可能（もしくは御法度）とされています。

通常、上司や顧客から資料作成を依頼されたスタッフは、まずブランク資料を作り、それを上司や顧客に見せてアウトプットイメージを共有してから情報収集や分析にとりかかります。

ブランク資料とはどのようなものか、簡単な例で説明しましょう。紳士服専門メーカーが、新たに婦人服分野に進出するための検討会議を行うことになり、企画部が婦人服市場についての基礎的な調査資料を作成することになったとします。

こういった指示を受けたとき、いきなりインターネットや業界統計書で婦人服の市場について調べ始める人がいるのですが、そうではなく、まずはブランク資料の目次を作ります。たとえばこんな感じでしょうか。


〈ブランク資料の目次〉

ｐ１　婦人服市場全体の動向
ｐ２　各市場分野の特徴
ｐ３　ビジネスプロセスごとの、紳士服市場との比較

ｐ４　参入検討案
ｐ５　今後のスケジュール

このように、最終的に作り上げるべき調査レポート（アウトプット）の目次を最初に作ります。次に、それぞれのページの中見出しを作ります。一ページ目の「婦人服市場全体の動向」であれば、

〈ｐ１　婦人服市場全体の動向〉
1. 婦人服の分野別市場規模（億円）
2. 同じく分野別の紳士服市場との比較
3. 近年の各市場の伸び率

といった具合です。

次に、中見出しに沿ってできあがりの資料イメージを作ります。ｐ１であれば図表27のようになります。見ていただければわかるように、まだ情報収集を始めていないので、資料に具体的な数字は何も記入されていません。これが、この資料が〝ブランク〟＝〝空

図表27　ブランク資料例：1ページ目(p1)

婦人服市場全体の動向

	分野別の市場規模（○○年）	紳士服の市場規模（○○年）	伸び率
フォーマル	○○億円	○○億円	○○%
ビジネス	○○億円	○○億円	○○%
ラグジュアリー	○○億円	○○億円	○○%
トレンド	○○億円	○○億円	○○%
カジュアル	○○億円	○○億円	○○%

〝カラ〟と呼ばれる理由です。通常は手書きで定規も使わずに作るため、図表27から図表31の五ページなら一年目の新人の場合、一時間くらいで作るのが目安です。

次ページ以降も、最終的に作成する資料と同じ大きさの用紙（A4縦、A4横など）に、できあがり資料をイメージしながら必要項目のみを配置していきます（図表28から図表31まで参照）。ブランク資料を作るには、（今の私がそうであるように）婦人服市場についての詳細な情報は必要ありません。

できあがったブランク資料は上司や顧客と共有し、「この資料のブランク部分に具体的な数字や情報が入れば、我が社は意思決定ができますよね？」と確認します。つ

図表28　ブランク資料例：2ページ目（p2）

各市場の特徴

	主要ブランド	商品単価 上段 トップス 下段 ボトムス	市場動向
フォーマル	ソワール ・・・	○○～○○円 ○○～○○円	お受験用と 冠婚葬祭が・・・
ビジネス	スーツセレクト スーツカンパニー ・・・	○○～○○円 ○○～○○円	・・・・・・・・・ ・・・・・・・・・
ラグジュアリー	エルメス シャネル ・・・	○○～○○円 ○○～○○円	大半が欧米 ブランド・・・
トレンド	ワールド オンワード ZARA	○○～○○円 ○○～○○円	・・・・・・・・・ ・・・・・・・・・
カジュアル	ユニクロ しまむら 通販専門店○○	○○～○○円 ○○～○○円	ネット通販企業 の伸びが・・・

図表29　ブランク資料例：3ページ目（p3）

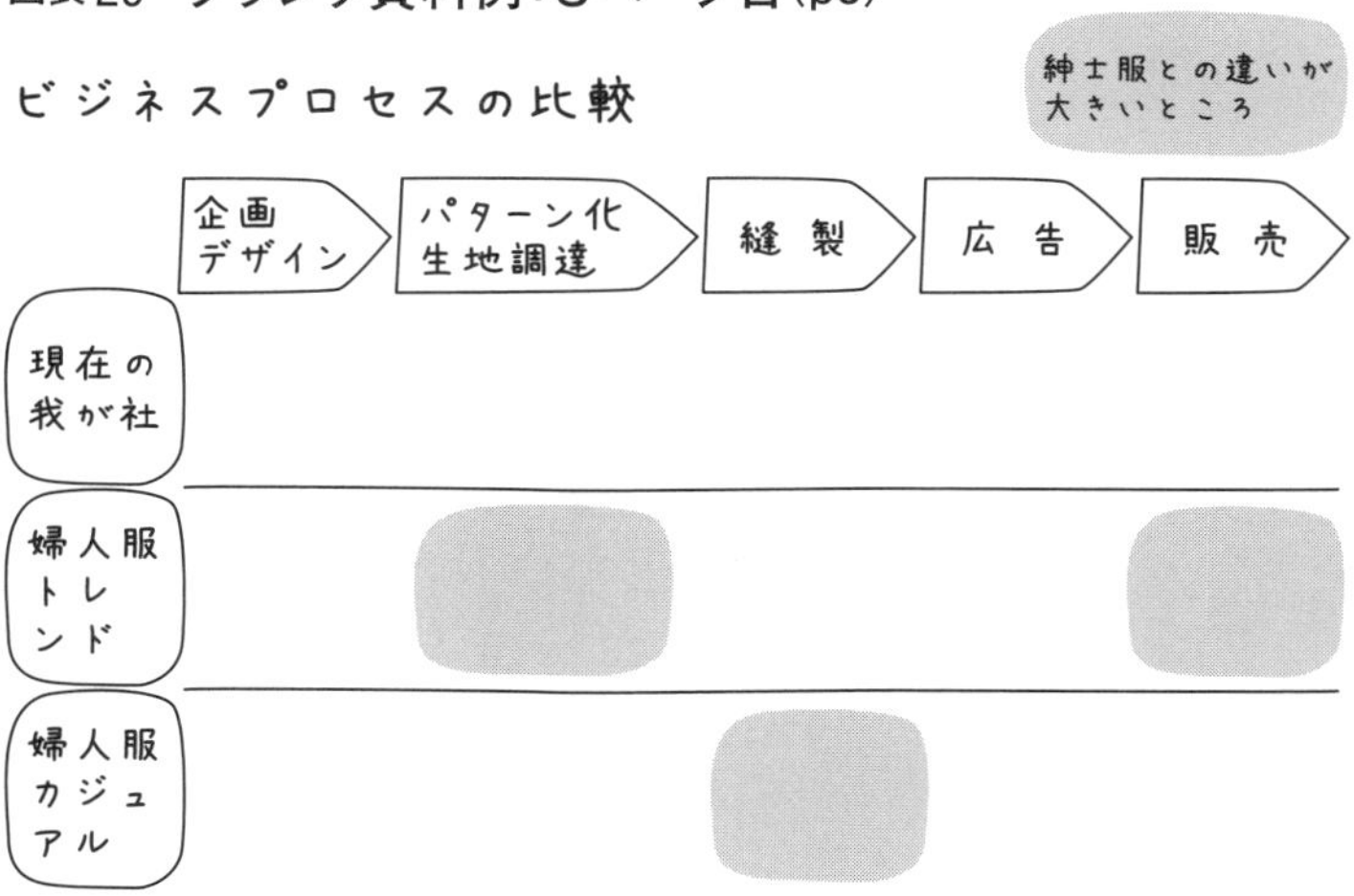

図表30　ブランク資料例：4ページ目（p4）

参入検討案

	メリット	デメリット	確認が必要な点
単独参入	・・・・・・・・・ ・・・・・・・・・	・・・・・・・・・ ・・・・・・・・・	・・・・・・・・・ ・・・・・・・・・
アライアンス	・・・・・・・・・ ・・・・・・・・・	・・・・・・・・・ ・・・・・・・・・	・・・・・・・・・ ・・・・・・・・・
OEM供給	・・・・・・・・・ ・・・・・・・・・	・・・・・・・・・ ・・・・・・・・・	・・・・・・・・・ ・・・・・・・・・

図表31　ブランク資料例：5ページ目（p5）

今後のスケジュール

中間会議 ○月○日 → 役員会 ○月○日 →

商品企画部	○/○までに ・・・	○/○までに ・・・	○/○までに ・・・		○/○までに ・・・
市場調査部	○/○までに ・・・			○/○までに ・・・	
店舗運営部	○/○までに ・・・	○/○までに ・・・	○/○までに ・・・		○/○までに ・・・
製造企画部				○/○までに ・・・	
財務部		○/○までに ・・・	○/○までに ・・・		
ネット事業部		○/○までに ・・・			○/○までに ・・・

まり、最初にブランク資料を作ることで意思決定への覚悟を問うことができ、後から「これだけの情報では意思決定はできない。もっと情報が必要だ」と、むやみに判断を引き延ばすことも不可能になるし、「意思決定をするかどうかはわからないが、とりあえず勉強したいので資料を集めてほしい」という生産性の低い仕事を減らす効果も期待できます。

また、もし事前にブランク資料を見せられた上司や顧客から「これだけでは意思決定はできない」と言われた場合にも、どんな情報が足りないのかを口頭説明ではなくブランク資料の項目として提示してもらえるようになるため、何日も作業をした後で「欲しかったのはこういう資料ではなかった」というすれ違いが起こることもありません。

このようにブランク資料を使えば、資料作成だけでなく意思決定の生産性をも大幅に向上することができるのです。

ブランク資料は設計図

ブランク資料作りに関して新人からよく聞かれる質問は、「ブランク資料には入っていないが、もともとの資料作成の目的から考えれば、明らかに重要と思える新情報に出くわした場合はどうすればよいのか？」というものです。

そういった想定外の貴重な情報を見つけたとき、「ブランク資料に載っていないから無視する」のでは、大事な情報が抜け漏れてしまいます。かといって、ブランク資料にはないが、「重要だから」とどんどん集めてしまうと、わざわざ最初にアウトプットイメージを確認した意味がありません。ここでの正解は、「新たに見つかった情報を含め、ブランク資料を作り直す」です。

ブランク資料とは、家を建てるときの設計図にあたるものです。住宅メーカーが最初に設計図について（家の）注文主と合意し、必要な材料を調達し始めたところ、途中で新たな機能をもつ新建材が発売されたことに気づいたとします。

この新建材は当初の設計図には入っていませんが、従来品より高機能かつ価格も安いので、どう考えても採用すべきだと判断できました。しかしそれを使うとなると、設計図通りの家ではなくなります。

このとき、建設担当者は何をするでしょう？　当然、設計図を書き直しますよね。いきなり「いい材料が見つかった！」と当初の設計図を放り出して家を建て始めることもないし、「設計図にないから」といって、価値ある材料を無視することもありません。資料作成におけるブランク資料も同じです。

情報収集をしていると、「今回の資料には不要だが、とてもおもしろいデータ」が数多く見つかります。知的好奇心の強い人ほどそれらの情報を熱心に読み込み、深掘りすることにのめり込んでしまいます。しかも「おもしろいことがわかった」「いろいろと勉強になった」と喜んだりしているのです。

こういった人たちは、生産性についてあまりに無頓着です。特定の仕事を特定の日までに終わらせる必要があるという状況の中で、「いろいろ勉強になる」ために、貴重な労働時間を費やし、本来行うべき意思決定を遅らせることが、本当に今、自分に求められている時間の使い方なのか、という発想がありません。

作業中に、事前に想定していなかった価値ある情報と遭遇したら、その時点で、ブランク資料を作り直し、本当に価値がある＝最終的な資料に使うべき＝意思決定を左右する可能性のある欠かせない情報である、ということを確認したうえで、読み込むなり、分析を始めればいいのです。

そうすれば、セレンディピティと呼ばれる「偶然、見つけることができた大きな価値」を取り逃すこともなく、かつ、おもしろいけれど今回の資料とは無関係な情報にのめり込んでしまうことも防げます。

どの時点でも、最終的に作ろうとしている資料のアウトプットイメージ＝ブランク資料が手元にある＝常に手元に最新の設計図をもって仕事を進める――これが資料作成の基本なのです。

頭の中でブランクを作るシニアコンサルタント

ブランク資料は、市場調査や顧客満足度調査などのためにアンケートをするときや、情報収集のためのインタビューをするときにも有用です。

多くの人の意見を集めるアンケート調査では、事前に集計イメージのブランク資料を作り、「調査後、こういう集計や分析ができあがっていれば大きな価値がありますよね?」と確認したうえで、質問メールや調査票を送付します。

アンケートや調査の失敗とは、回答が戻ってきた後になって初めて、それらの回答だけでは十分に価値のあるアウトプットにならないと気づくことです。多大な手間暇をかけて回答を集めたのに、たいしてインパクトのある結果が出なかったとか、価値ある分析に不可欠な情報や属性を集めていなかったと気づくのでは、あまりに生産性が低くて泣きたくなりますよね。

インタビューをする際にも、「今回のインタビューから得られた情報を使って最終的に作成する資料や記事」というアウトプット側のブランクイメージを作ります。そして、そのアウトプットには本当に価値があるのか、ということを事前に確認しておくのです。

インタビューの準備といえば質問リストを作る人が多いのですが、事前に作るべきは質問リストやインタビューガイドではなく、アウトプットイメージです。なぜなら質問リストに沿って質問をしても、インタビューの後、価値あるアウトプットが作れるとは限らないからです。

一方、ブランク資料をもってインタビューを行い、話を聞きながらブランク資料に相手の回答を書き込んでいけば、それだけでインタビューレポートは完成します。しかもそのブランク資料は、最初に「このブランクが完成すれば大きな価値がある」と確認してあるわけですから、「せっかく長い時間をかけて情報を集めたのに、価値ある資料ができあがらなかった」という失敗もなくなります。

ちなみにコンサルティング会社では、新人のうちは実際にブランク資料を作りますが、パートナーなどシニアなコンサルタントは、頭の中でブランク資料を作ったり、作り直したりすることができ、かつ、それを口頭で他者と共有するスキルを身につけています。

なので彼らは、インタビューに向かう道すがらに頭の中でブランク資料を作り、それに基づいて質問をします。また、話の途中でブランクには想定していなかった価値ある情報が得られた場合は、それをもとに、頭の中で（インタビュー中に）ブランク資料を作り直してしまいます。

そのうえで、相手が話している内容＝収集した情報を次々と頭の中にあるブランク資料に格納し、インタビューが終わった瞬間には、すでに取材レポートを作り上げてしまっているのです。新人が、インタビュー中はメモをとることに専念。オフィスに戻ってから、「さて、レポートを書こう」と考えるのに比べると、圧倒的に高い生産性です。

情報偏在によるバイアス

ブランク資料をもたずに情報収集を始めると、「情報が大量に存在している分野の情報収集に長い時間をかけ、情報があまり存在していない分野では、ごく短い時間で情報収集が終わってしまう」という情報偏在によるバイアスリスクも高まります。

図表32を見てください。情報には「今回の意思決定に必要な情報」と「不要な情報」があります。また、「情報量が多く、集めやすい情報分野」と「情報量が少なく、集めにくい情報分野」も存在します。

ブランク資料を作ったうえで情報収集をしている人は、情報の集めやすさにかかわらず、今回の分析（意思決定）に必要な情報（＝A図の網掛け部分の情報）を集めますが、

図表32　情報バイアスの危険性

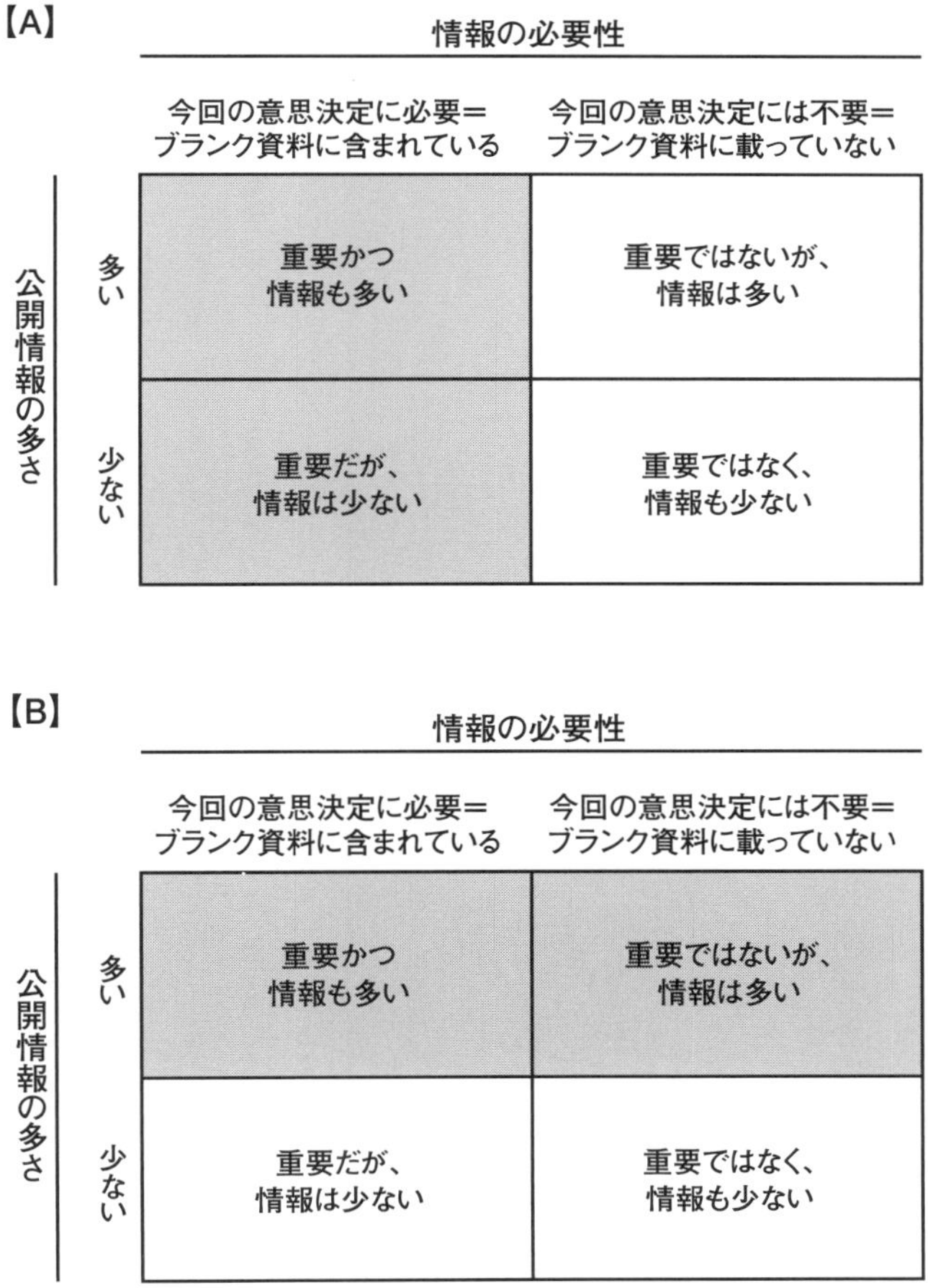
【A】
情報の必要性
今回の意思決定に必要＝ブランク資料に含まれている
今回の意思決定には不要＝ブランク資料に載っていない
公開情報の多さ
多い
少ない
重要かつ情報も多い
重要ではないが、情報は多い
重要だが、情報は少ない
重要ではなく、情報も少ない
【B】
情報の必要性
今回の意思決定に必要＝ブランク資料に含まれている
今回の意思決定には不要＝ブランク資料に載っていない
公開情報の多さ
多い
少ない
重要かつ情報も多い
重要ではないが、情報は多い
重要だが、情報は少ない
重要ではなく、情報も少ない

漫然と情報収集をしていると、集めやすい情報（＝B図の網掛け部分の情報）を集めることばかりに時間を使ってしまいます。

データベースやインターネットで情報を探すことが増えた今は、特にこのリスクが高まっています。検索して大量に現れる「情報が多い分野」の情報を、上から順にいつまでもクリックして詳細を確認している人は、このワナにはまっています。

世の中には、情報が極めて豊富にそろっている分野と、簡単には情報が見つからない分野があります。しかし、前者が「今の自分の仕事にとって、より重要な情報である」というわけではありません。

多くの場合、歴史が長い分野には情報が多く、新しい分野に関する情報は多くありません。また、少し前に突発的に大きな話題としてメディアで取り上げられたような分野では、大量の情報がたやすく見つかります。しかし「最近、話題になったかどうか」が、今回の意思決定にとって重要かどうかと関係しているわけではありません。情報が集めにくい分野こそ、情報の価値が高い場合も多いのです。

本来なら、意思決定に不可欠な情報や、議論の方向性に大きな影響を与える重要な情報を集めるのに時間をかけるべきなのに、「たいして重要ではないが、ちょっと検索してみたら山ほど情報が見つかった」という分野ばかりに時間をかけていては、生産性は上がりません。

大量の情報に簡単にアクセスできるこの時代だからこそ、情報の入手のしやすさや量に惑わされず、自分が必要としているデータを優先的かつ集中的に集めるためにも、明確なアウトプットイメージを意識してから情報収集を始めることが必要なのです。

分析精度もブランク資料で判断

情報収集プロセスから分析プロセスに移っても、アウトプットイメージをもっている人が必要な分析だけを行うのに対して、そうでない人は、さまざまな「よくある分析」を手当たり次第に行います。「よくある分析」とは、たとえば数字であれば、縦横の合計、平均、標準偏差や相関係数などを〝とりあえず計算する〟ということです。

こういった「とりあえずやってみる分析」は際限なく続けられるため、あっという間にものすごく長い時間が使われてしまいます。中には「数字をいじくり回している間に、思いがけない価値あるメッセージが浮かび上がることもある」と主張する人もいます。

しかし、なんの仮説もなく闇雲に数字をいじくり回すのは、珍しい魚を探して大海を泳ぐような（生産性の低い）行為です。ビジネスパーソンでも研究者でも同じですが、最初に「こういう結果が出たら大きなインパクトがある」という仮説をもたずに情報をいじくり回していては、いくら時間があっても足りません。

加えて、ブランク資料を見ながら分析を進めると、分析の精度についても必要十分なレベル（最適なレベル）での分析を行うことができます。

ファイナンスのシミュレーションで、「一〇億円以上の黒字になれば投資実行、それ以下なら却下」という判断をするために分析を行う場合、最後の一桁の計算まで完璧に行う必要はまったくありません。

途中で「最も楽観的なシナリオでも数億円の赤字になる」とわかれば、投資実行はありえないからです。この場合、赤字が二億円なのか三億円なのかを見極める必要はありません。時間があり余っているなら分析を続ければよいですが、他にも重要な仕事があるなら「最もいい場合でも数億円の赤字」という結論が出れば、分析はそこで終わりにすべきなのです。

完璧主義な人は「中途半端なままで投げ出すのはよくない」と考えがちですが、そういう人は、必要十分なレベルと中途半端なレベルの違いが理解できていません。中には、（今回の意思決定に必要かどうかにかかわらず）完璧に仕上げること自体に快感を感じる人もおり、仕事の生産性を落としてしまいがちです。

ミクロン単位の正確さが求められる職人の仕事でもない限り、そういったメリハリのない働き方は自己満足にすぎません。むしろ、それぞれの仕事に関して必要十分とはどのようなレベルなのか、それを見極める判断力こそがビジネスパーソンには求められているのです。

このように、最初にアウトプットイメージ（ブランク資料）を作ってから情報収集や分析を始めると、情報収集、分析、そして意思決定の生産性を、何倍にも高めることができるのです。

第9章

マッキンゼー流 会議の進め方

会議時間の短縮ではなく会議の成果を高める

第3章で書いたように、コントロールすべきは量ではなく質であり、生産性です。そして、生産性を上げるにはインプットを減らす方法に加え、アウトプットを高めるという方法もあります。これを会議に当てはめれば、「今は会議時間を短くすることが大切なのか、それとも会議の成果を高める方法を考えるべきときか」という視点が生まれます。

特に、新商品の開発など今までにない新しい発想を引き出すことが目的の会議では、質の高い会議とそうでない会議の成果の差は一〇倍とか一〇〇倍といったレベルで異なってくるため、「会議時間をできるだけ短くする」ことより、「成果をできるだけ高くする」ほうがよほど大切です。

本章では会議の生産性を高めるための方法論を紹介しますが、会議のスタイルは企業によってさまざまなので、ひとつでも自社に合うものがあれば取り入れていただき、（会議時間の短縮ではなく）会議の生産性向上に役立てていただければと思います。

達成目標を明確にする

資料作成と同様、会議の生産性を高めるためにも「最初にアウトプットを具体的にイメージする」ことが有用です。ただしここでいう会議のアウトプットイメージとは、「議題リスト」や「アジェンダリスト」とは異なります。

議題リストに出てくるのは、「○○プロジェクトの予算について」といった文言ですが、これでは会議中に達成すべきことが「予算について話し合うこと」なのか、「予算の詳細を確認すること」なのか、「予算の総額について決定すること」なのか、まったくわかりません。

ある人は「今日の会議で予算総額を決めなければならない」と考えているのに、他のメンバーは「まずはいろいろ意見を出し合うことが大事だ」と思っていたりもします。参加者の目指す場所がバラバラでは、議論もかみ合いません。「○○について」といった文言の並ぶ議題一覧では、参加者が「この会議で何を達成する必要があるのか」共有できないのです。

よくある「会議の議題一覧」と、「会議の達成目標」の違いは次のような感じです。

本日の会議の議題一覧

1. 来月の○○発売三周年記念イベントについて
2. 先月発売された○○の販売実績の報告
3. 来月実施予定の市場調査の方法について

本日の会議の達成目標

1. 来月の○○発売三周年記念イベントの、メインの出し物の素案出し
2. 先月発売の○○の販売目標未達の理由の共有と今後のてこ入れ策の決定
3. 来月の市場調査を○○リサーチ会社に発注すること、および、調査内容の詳細の最終確認

最初に示した議題リストには「話し合う分野」は書かれていますが、この会議の時間内に何を達成すべきなのかは書かれていません。一方、後者の達成目標リストでは、会議参加者がこの時間内に何を決めなければならないのか、情報として共有する必要のある項目は何なのか、などがすべて書かれています。こうして会議の達成目標を具体的に明記するだけでも、会議の生産性は大幅に上がります。

ちなみに、大半の会議の達成目標は次の五つのどれかです。

①決断すること
②洗い出しすること（リストを作ること）
③情報共有すること
④合意すること＝説得すること＝納得してもらうこと
⑤段取りや役割分担など、ネクストステップを決めること

ですから、この五つの目的別に最も生産性が高いと思われる方法を類型化しておけば、会議の生産性はさらに引き上げられます。

たとえば、二番目の「アイデアの洗い出し」を行う会議。「何か意見はありませんか？」と司会者が問い、ポツポツと出てくる発言者からのアイデアを、担当者がホワイトボードに書いていくといったスタイルの会議がいまだに行われていますが、こんな方法が「アイデアの洗い出し」を達成するために最も生産性が高い方法であるとはとても思えません。

それよりも、営業担当者と技術者など、異なる視点をもつ二者が議論のたたき台となるリストを作ってきて、会議ではその資料を見ながら、不足しているアイデアを追加していくほうが、圧倒的に生産性は高くなります。

こういった方法を「会議でアイデアの洗い出しを行う場合の標準プロセス」として統一してしまえば、会議の生産性は簡単に上げられます。誰かがひとりで行えば五分もかからない〝たたき台のリスト〟作りに、全員が雁首をそろえる会議時間を使うなど、あまりにも生産性が低いので「そういう会議のやり方は禁止です」と、研修で教えてしまえばよいのです。

資料は説明させない

会議の時間の中で最も生産性が低いのは、資料を用意した人がその資料を説明するのに使う時間です。実はマッキンゼーの社内会議では、多くの場合、資料の説明は行われません。

会議中に資料作成者が資料のページを一枚ずつめくりながらひとつひとつ説明するのは、「他の会議参加者が資料の内容を理解する」という成果目標に対して、非常に生産性が低いからです。

それぞれが配られた資料に黙って目を通せば、たいていの資料は二分ほどで読むことができます。冒頭に「今から二分間、資料に目を通してください」と言って済むのであれば、一〇分かけて作成者の説明を聞くのに比べ、生産性は五倍も高くなります。

マッキンゼーに入ったばかりの頃、長い時間をかけて作った資料をまったく説明させてもらえないことに対して、私はよく「せっかく作ったのに」と残念に感じていました。

つまり会議で資料作成者に説明時間を与えるのは、その担当者への「ご褒美」なのです。長い時間をかけて作ったのだろうから、発表の時間を与えてあげよう、と考えるがために、二分で読める資料を一〇分かけて説明することを許すのです。

それが許されない会議を経験して、私は初めて「会議の生産性のほうが、資料作成者への思いやりよりも重視される」というマッキンゼーの基本原則を理解しました。

作成者が資料説明をすることの生産性が低いのは、「目で読むほうが、誰かが丁寧に話す説明を聞くより早い」という理由だけではありません。

それは、作成者が時間をかけて説明する部分が、「重要な箇所」でも「意思決定を左右する箇所」でもなく、「資料を作るときに自分が最も苦労した箇所、悩んだ箇所」であったりするからです。気持ちはよくわかるのですが、これも無駄な時間を増やしてしまう理由のひとつです。

時には資料説明とその内容に関する細かい質疑応答だけで会議時間の半分が消費されてしまう場合さえあるので、「原則として資料の説明は禁止」というルールを作れば、会議の生産性は大幅に上昇します。

これは「資料の枚数を一枚にする」というように「量のコントロール」をするよりも、はるかに有効な策です。たとえ一枚の資料であっても、その説明に五分を費やすだけで、個々人が一分で目を通す方式に比べ生産性は五倍も低くなるのです。

そもそも本来、三枚分の情報を共有する必要があるのに、社内ルールによって会議には一枚しか資料が出せない。そういう状況では、資料作成者は三枚分の情報を一枚に収めるため、余計な手間と時間をかけています。日本の場合、コピー用紙一〇〇枚分より時給の安い社員など存在しません。時間をかけて三枚分の情報を一枚に収めようと苦労するくらいなら、三枚の資料を配り、使用後の紙をリサイクルしたほうがよほど合理的です。

会議資料の枚数を制限する企業が本当に無駄だと感じているのは、紙代ではなく、資料の枚数とともに長くなる資料の説明時間なのではないでしょうか。そうであれば、資料の枚数を制限するより説明時間自体を制限したほうが、よほど生産性の向上につながるはずです。

ポジションをとる練習をする

生産性の低い会議とは、時間が長い会議のことではなく「決めるべきことが決まらない会議」のことです。

会議体として結論を出すためには、まず、参加者個々人が自分の意見を決定し表明する必要があります。しかし中には、意思決定自体が不得意な人がいます。そういう人は意思決定が必要なタイミングを迎えても、「場合による」とか「一概には言えない」「もっと調べないとわからない」「情報が足りない（ので決められない）」などと、なんとか意思決定を逃れようとします。

こういう人には、意思決定の練習が必要です。「あいつは決断力がない」という言い方がありますが、「不確定な状況において決断する」のはビジネススキルのひとつなので、苦手なら練習をして身につければいいのです。

マッキンゼーでは「自分の意見を明確にする」ことを「ポジションをとる」と呼び、全員が身につけるべきベーシックなビジネススキルだと教えています。このため入社直後の（まだ何もわかっていない）新入社員に対しても、会議では、「意思決定の練習」としてポジションをとることを求めます。

ビジネス上の意思決定とは、「確実にはわからない未知の（未来の）ことについて決断をすること」です。確実にわかっていることについての決断は誰にでもできるし、できても大きな価値はありません。だから、まだ何もわかっていない新人にでもポジションをとらせるのです。


自分で意思決定が苦手だと思う人は、「ポジションをとる練習」をしてみればよいと思います。練習に使える題材は身近にいくらでも転がっています。ニュースでは連日、増税の是非から社会保障のあり方まで、「いくら情報収集をしても十分な情報が集まることはない」かつ「完璧に正しい答えは存在しない」という意思決定の練習にぴったりな問題がいくつも報じられています。

一日ひとつでいいので、自分が最終決断者であったらどういう決断をするのか、それはなぜなのかと考える癖をつければ、次第にポジションをとることが怖くなくなります。もちろん自部門の戦略について、部長になったつもりで考えてみてもいいでしょう。

自然にポジションがとれる人にはなかなか理解しにくいかもしれませんが、世の中には、練習をしないと自分の意見が決められない人が案外たくさんいます。たとえ自分には何の責任もなくても、右か左か決められないのです。

そういう人には「リスクフリーの環境で、自分の意見を明らかにする」ところから練習を始めさせないと、いつまでも「もう少し調べてから……」とか「一概には言えないので次回もう一度議論を……」などとしか言えない人になってしまうのです。

意思決定のロジックを問う

個人としてポジションをとることに加え、会議では「組織としての意思決定」も必要です。結論が出せないまま終わってしまった会議については、「なぜ今日の会議では結論が出せなかったのか」を記録しておくだけでも、今後の会議の生産性を上げるヒントが得られます。

一番よくないのは、必要な結論が出なかったにもかかわらず、「今日はいい議論ができた」「多様な意見があることがわかった」などと言い、あたかも成果があったかのようにごまかしてしまうことです。決めるべきことが決められなかったのであれば、そのために使われた時間の生産性はゼロであった＝無駄であった、という現実をきちんと見据えることが必要です。

なお「決まらなかったのは誰の責任か」などと犯人捜しをする必要はありません。今回はどの理由で決断ができなかったのか、それを意識するだけで十分です。

〈会議で決めるべきことが決まらない主な理由〉

① 社長や本部長など、意思決定者が会議を欠席した
② 意思決定のロジックが明確でなかった
③ データや資料がそろっていなかった
④ 会議の主催者が「決める」ことにリーダーシップを発揮しなかった

ここで特に注目したいのが②と③の理由です。意思決定に必要なのは「ロジックと情報」で、このどちらかが足りないと結論が出せません。そして多くの会議では「今回、結論が出なかったのは情報が足りなかったからだ」とされています。

図表33　意思決定に必要なふたつの要素：ロジックと情報

	ロジック		情報		結論
パターン1	円が120円より高くなれば為替予約をする	＋	1$＝119円になった	＝	119円で為替予約をする
パターン2	円が120円より高くなれば為替予約をする	＋	?	＝	情報が手に入れば自動的に結論が出せるので再会議は不要
パターン3	?	＋	?	＝	いくら情報収集をしても結論は出ない。まずはロジックが必要

しかしそれらの中には、「実は足りないのは情報ではなくロジックであった」という会議がたくさん含まれています。ロジックが欠けているのに、「情報不足で意思決定ができなかった。なので次の会議までに各部門でさらに多くの情報を集めてきましょう」という話にしてしまうと、何度会議を開いても何も決まりません。

意思決定にはロジックと情報が必要だということを、簡単な例で見てみましょう。「円が一ドル一二〇円より高くなれば為替予約をする」というロジックと、「今日の為替は一ドル一一九円である」という情報があれば、「今日は為替予約をする」という決断ができます（図表33）。

ではここで、ロジックはあるけれど情報

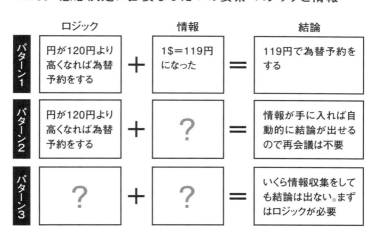

図表34　追加の情報収集の前に意思決定のロジックを確認

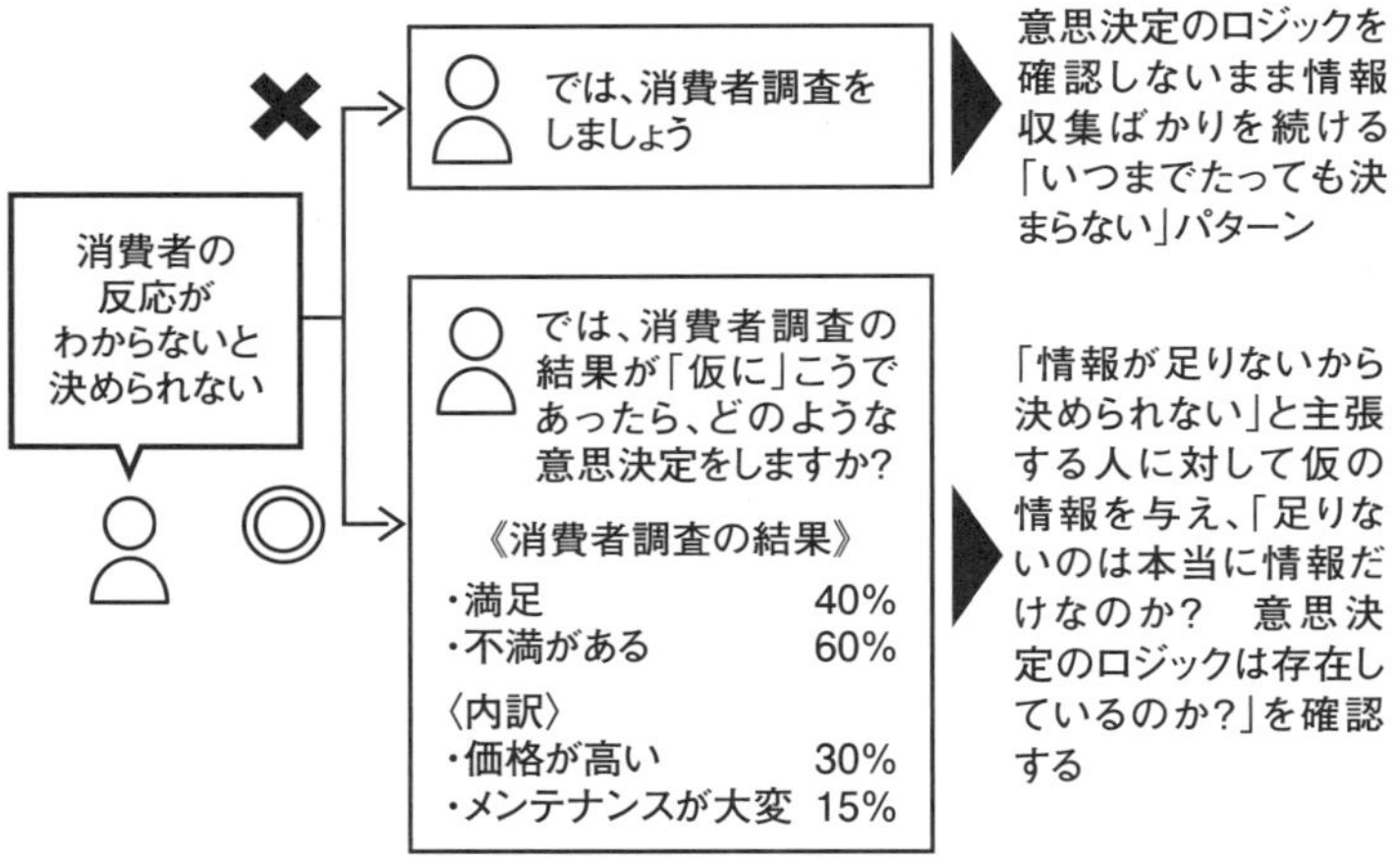

が足りないという状況を思い浮かべてみましょう。「円が一ドル一二〇円より高くなれば為替予約をする」とは決まっているけれど、今日の為替がいくらかわからない、その情報が手元にないという場合です。

この場合、「情報を集めてから再び会議を行う」必要はありません。意思決定のロジックについてのみ会議で合意しておけば、あとは情報が手に入り次第、自動的に決められます。なので会議をやり直す必要はなく、担当部署に「一一九円台に入っていれば為替予約を行い、そうでなければ為替予約は行わないように」と指示を出せば終わりです。つまり情報が足りないだけなら、会議をやり直す必要はないのです。

また、意思決定が必要なタイミングで

「場合による」という答えを返してくる人には、「どういう〝場合〟なら、イエスという判断になるのか？」と、「場合による」の〝場合〟を明確化させます。

たとえば、「顧客の反応がわからないから決められない」「販売すべきかどうかは顧客の反応次第」などという話になったとき、「では調査をしてから決めましょう」と意思決定を延期するのではなく、「調査の結果、顧客の四割は満足と回答、三割が機能には満足だが価格が高いと回答した」などと仮の情報を挙げてみて、「もし調査の結果がこうであったら、私たちは今、どういう意思決定ができるのか？」と確認しておくのです（図表34）。

ベンチャー企業やオーナー企業の意思決定が速いのは、彼らが自分なりの意思決定のロジックをもっているからです。ロジックがあるから、部下に情報を集めさせればすぐに意思決定ができるのです。

「情報が足りないから今日の会議では決められない」という話になったときは、必ず「足りないのは本当に情報なのか？　意思決定のロジックは明確なのか？」という視点で確認をしましょう。「会議時間の短縮」に敏感な企業は増えていますが、本当は「意思決定の生産性」についてこそ、より意識的になるべきなのです。

セッティング効果を利用する

会議の環境やセッティングの工夫も、会議の生産性を上げるために効果があります。

マッキンゼーの研修で会議のファシリテーションについて学んだとき、「今日の会議は決めるべきことがたくさんある」と参加者に伝えたい場合は全資料を最初から配布、ふたつの議題があり、ひとつずつをしっかり検討してもらいたい場合は、二番目の議題に関する資料は会議途中で配布するよう教えられました。

そんな細かいことまでと驚かれるかもしれませんが、資料の配布タイミングをコントロールするだけで、話の進みやすさが違ってくることはよくあります。営業部門と技術部門の調整が必要な会議で、二番目の議題は特に技術部門にとって今後の負担が大きくなる可能性が高い議題だ、というような場合、すべての資料を最初に配ってしまうと、技術部門のメンバーはひとつ目の議題の議論中も、ずっと二番目の議題に関する資料ばかりを見ているからです。

ちなみに私はこれについてもロールプレイング研修で学んでいます。「会議の主催者が資料を最初にすべて配布したら、すぐに二番目の資料についてあれこれ質問するように」

と書かれたロールカードを与えられた同僚のすばらしい演技により、会議の司会者役だった私は、最初の案件について意思決定を完了させられませんでした。そしてロールプレイ後のフィードバックで「こういうケースでは、二番目の議題の資料は後から配るべき」とアドバイスされたのです。

外資系企業やベンチャー企業のオフィスに、子ども向け施設のようにカラフルな部屋や、畳の部屋、観葉植物で埋め尽くされた部屋など、ユニークな会議室がつくられることがあるのも、通常のオフィス環境とは異なる雰囲気を生み出すことで、話し合いの生産性を高められると期待するからです。

森の中や海の近くの合宿所など、非日常な場所（オフサイト）で会議を行い、社内ヒエラルキーの縛りを離れて発想を広げ、活発な議論を促す——といった方法は、昔からよく使われています。しかしそれは、毎日できることではありません。だから社内に「ちょっと気分の変わる場所」を用意するのです。

また、席や机の並べ方も議論の状況に影響を与えます。たとえば、司会者と参加者が向き合う教室形式のレイアウトでは、参加者側に座った人たちの間で「議論は司会者がリードするもの」という意識が強くなり、司会者以外が議論のリーダーシップをとることを阻

図表35　テーブルレイアウトが議論に与える影響

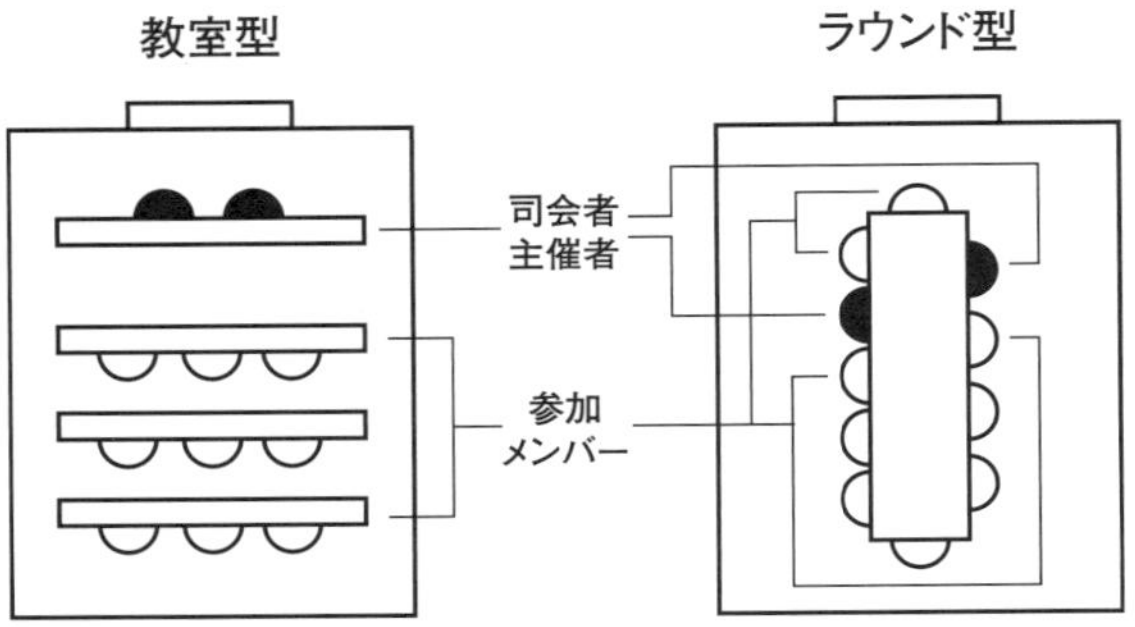

参加メンバーは、「指名されれば答える」という受け身な姿勢になりがち

司会者や主催者がバラバラの席に座れば、あちこちから発言が飛び出すため、他のメンバーも話しやすくなる

図表36　テーブルの位置が議論に与える影響

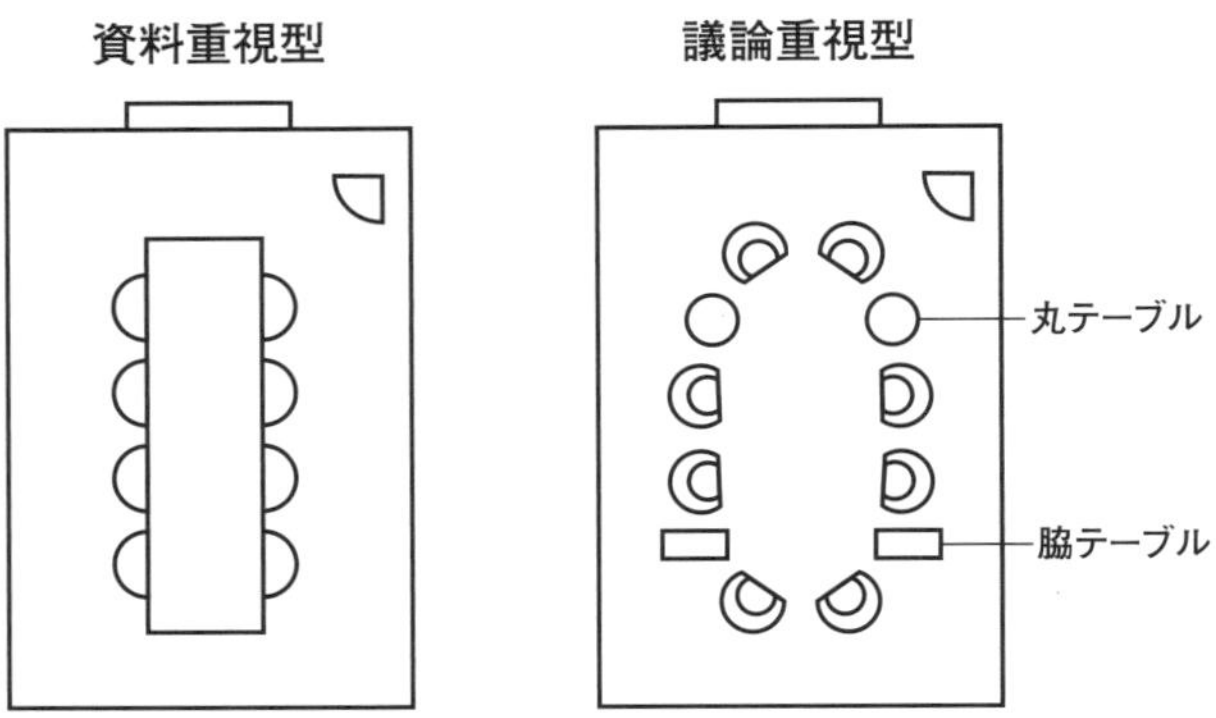

机上の資料に
視点が集中する

相手の目を見ての
議論が促進される

図表37　席配置が議論に与える影響

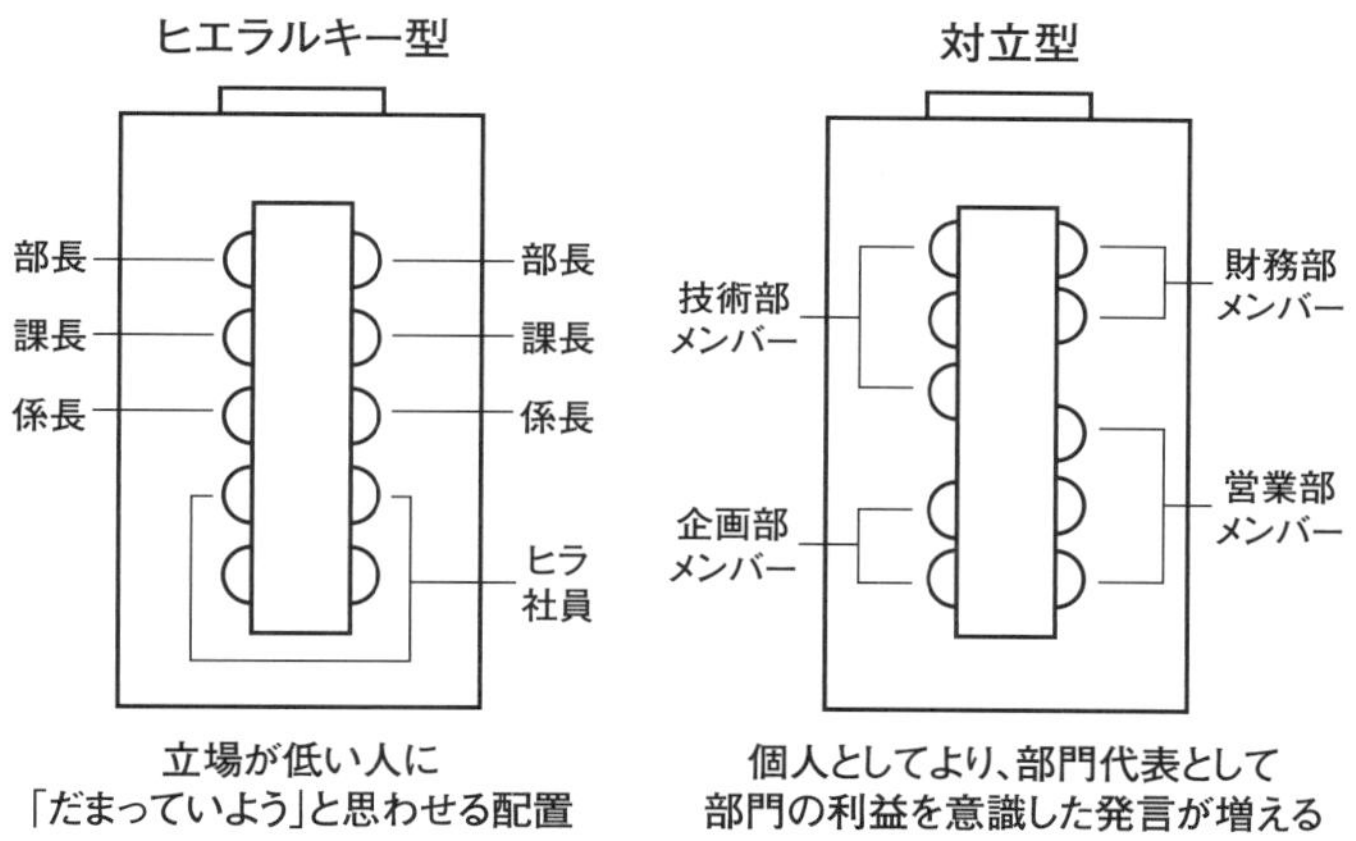

立場が低い人に
「だまっていよう」と思わせる配置

個人としてより、部門代表として
部門の利益を意識した発言が増える

害しがちです（図表35）。

また、テーブルがあると資料に目を落として話を聞く人が増えますが、イスだけの会議室で小さなテーブルを脇に置くと、みんなお互いの目を見て話すようになります（図表36）。ディスカッションを多用する米国の高校や大学の教室で、小さな机が脇についたイスを使うのは、この効果を狙ってのことです。教科書を読んだりノートを書くことより、議論のほうが優先だと生徒に伝えたいのでしょう。

席順についても、肩書き順に席を並べると若手は発言しにくくなるし、部門別にスタッフが固まって座ると、部門間の意見が対立しやすくなります（図表37）。

このように、いかに会議の成果を上げる

かという方向で考えれば、会議時間の短縮だけでなく、今回の会議はどこで行うべきか、会議室のレイアウトや内装はどう変えるべきか、イスや机の配置をどうすべきか、という発想も出てきます。

全員がファシリテーションスキルを鍛える

ファシリテーションスキルも、議論の生産性を上げるために重要です。「リーダーはひとり、あとは全員フォロワーでよい」という感覚が残る組織では、そうしたスキルは司会者だけがもてばいいと考えられていますが、本来それは、会議の参加者全員がもつべきスキルです。

多角的な議論を行うための代表的な手法としては、誰かが「デビルズ・アドボケイト（直訳すれば、悪魔の代理人）」を演じるというものがあります。これは、個人的には相手の意見に賛成であっても、あえて「違うんじゃないか？」「こういう場合もあるのでは？」などとチャレンジし、皆でより深く考える機会を得るための手法です。

他にも、リスク要因の洗い出しが目的の議論であれば、「この件に関して、顧客からクレームが来るとしたらどんなクレームがありうるか、自分の顧客の顔を思い浮かべながら考えてみて」とか、「こういう問題が起こったら、自分は首になるかもと思うような緊急事態には、どんな事態がありうる？」「販売時期を延期しなければならないような大きなトラブルには、どんなトラブルがありうる？」などと、より現実的に考えるための具体的な質問を発するのも、ファシリテーションスキルのひとつです。

コンサルタントとして働いていたときにはよく「じゃあ、今から伊賀さんは先方の社長役ね」と指名されたりしました。そう言われると、自分が作った資料をクライアントの社長の視点で見てみる、という思考作業に入りやすくなります。言葉に出して視点を変えるだけで、「私が社長ならこういう質問をしたくなる」とか「おそらくこの部分がひっかかる」と見えてくるのだから不思議なものです。

同じように、「○○君はクライアントの技術部長さん役、△△さんは営業部長役で」と指名され、みんなでそれぞれの立場を演じながら資料を検討することもよくありました。これはロールプレイング研修を会議に応用した方法だといえるでしょう。

他にも、いつものメンバーとは異なる人を会議に招く（いつもの会議にはない異なる視点を持ち込むという効果に加え、他の参加者にも緊張感が生まれます）、話し合いのルールをいつもとは変える、役員も含め、上着とネクタイの着用を禁止する（ヒエラルキー感を弱めて、上司にも反対意見を言いやすくするため）など、議論の生産性を上げるための工夫はさまざまに存在しています。

最後に、立場上、会議を頻繁に主催するという方には、定期的に過去の「会議の評価」をしてみることをお勧めします。

まずは、カレンダー上に残る過去の会議を振り返りながら、各会議について、その成功度合いを%で評価します。五つの議案があり、すべてにおいて目標が達成されたなら一〇〇%の成功、三つしか決まらず、残りふたつは持ち越しになったなら六〇%といった具合です。

次に、それぞれの会議の成功度合いを一〇%上げるためには、何をしておけばよかったのかと考えます。「あの資料さえ事前に用意しておけば成功度合いは一〇%上がったはず」とか、「あの議論を途中で打ち切っておけば、残りの議題にも十分な時間が使えたはず」など具体的な改善策を頭に浮かべておけば、次からの会議に活かせるからです。会議の参加メンバーに関しても、「この人は本当にこの会議に出席してもらう必要があったのか?」と振り返れば、次回から他の人の時間を無駄に拘束することも避けられます。

責任追及や評価のためではなく、会議主催者が自分のために振り返りを行うだけですが、それでも次の会議へのさまざまなヒントが得られることでしょう。

会議を立って行う、資料の枚数を制限するといった手法も、無用な会議を減らし、会議時間を短縮するには一定の効果があります。しかし、より重要な目的は「会議時間の削減」ではなく、「会議の生産性を上げること」です。

時間の短縮だけでなく「どうしたらもっと活発な意見交換が行われるのか?」「どうすれば一定時間で意思決定が完了させられるのか?」といった方向からも、ぜひいろんな工夫を試してみてください。生産性とは、そういった試行錯誤を通して、少しずつ上げていくものなのです。

終章　マクロな視点から

負担の転嫁には限界がある

二〇一五年末、大手化粧品メーカーが販売員の働き方に関する制度変更を行い、大きな話題となりました。報じられた企業は、ずっと以前から育児中の女性が働きやすいよう環境を整備してきたこの分野の先進企業です。

そうした企業には、出産後も働き続けたい女性が通常以上に集まりますし、社内に先輩が多いほど、制度も利用しやすくなります。おそらく一般的な企業より、はるかに多くの女性が出産後も働き続けていたのでしょう。

制度変更の概要は、これまで遅番や土日勤務が免除されていたワーキングマザーに対しても、それら繁忙時間の勤務シフトに入るよう要請するというものでした。

背景には、繁忙時間のシフトが「育児をしていない女性」に集中して不公平感が生まれること、現実問題としてシフトが回らなくなる場合もあること、繁忙時間に働けないと、ワーキングマザー自身のキャリアアップが難しくなることなどさまざまな事情があったといわれています。

同じような問題は、他の業態でも起こっています。海外赴任がつきものの商社や、海外売上比率の高いメーカーにおいても、高齢の親の介護のため、もしくは、共働きで子どもを育てているために海外赴任はできないという人が増えています。

少子化と高齢化が急速に進む日本では、今後、今までよりはるかに多くの人が、働きながら育児や介護を担当することになります。これからも家庭の事情で、「海外赴任はできない」「地方勤務もできない」「一週間も家に戻れない海外出張は不可能」「子どもを預けられない土日出勤や残業はできない」という人はますます増加することでしょう。

これは、女性だけの問題ではありません。従来の専業主婦家庭とは異なり、ずっと共働きを続けてきた世代では、妻が夫の親の介護まで担当するのは難しくなります。相変わらず女性の負担が大きい育児と異なり、介護に関しては先に「男女平等」が進みつつあり、男性が介護を担当するケースも増えています。すでに問題となりつつありますが、働き盛り社員の介護離職をいかに防ぐかも、企業にとっての大きな課題となるでしょう。

こういった状況に対し、国も企業も育児休暇や介護休暇の制度をより一層充実させようとしています。しかし冒頭の化粧品メーカーの例でもわかるように、育児や介護を担う社員だけに休職や柔軟な働き方を認め、そこから生じる負担をすべて「介護も育児も担当していない社員」に移転する方法では、組織内の不公平感も大きくなるし、仕事もどこかで回らなくなってしまいます。

理解すべきなのは、もはや「負担の移転」だけでは問題は解決できないということです。一〇〇人のうち一〇人だけに「配慮すべき理由」がある時代なら、残りの九〇人に少しずつ負担を移転することで問題は解決できました。

しかし今後は、一〇〇人のうち六〇人から七〇人もが「配慮すべき理由」をもつ時代になるという前提での制度設計が必要です。その負担を残りの三〇%の人に移転して解決するのは、もはや不可能なのです。

これから企業に求められるのは、すべての人が、希望するワークスタイルを実現できるよう、支援することです。時短勤務や在宅勤務も子育てや介護中の社員だけでなく、あらゆる社員に認められる制度とするのが目指すべき方向です。

そして社員全員にそういった働き方を可能にするためには、企業は組織全体として今よりはるかに高い労働生産性を実現する必要があります。つまり必要なのは負担の移転ではなく（生産性の向上による）総負担の削減なのです。

『イシューからはじめよ』

マッキンゼーに同期入社したコンサルタントのひとりに、現在ヤフーでCSO（Chief Strategy Officer）を務める安宅和人氏がいます。彼が二〇一〇年に出した『イシューからはじめよ』という書籍のタイトルは、問題解決において最も重要なポイントを、ずばりと指摘しています。

それは、「何が問題なのか」という起点の正しい理解が、何より重要だということです。解くべき課題＝イシューを取り違えると、どれほど詳細に問題を分解し、膨大な情報収集や多岐にわたる分析を行っても、正しい解にはたどり着けません。

現在、長時間労働は企業にとっても社会にとっても大きな問題だと認識されています。たしかにそれは、「よいことではない」という意味では問題です。しかし、解くべき課題（イシュー）が長時間労働なのかといえば、そうではありません。解くべき課題は長時間労働ではなく、働いている人の生産性が低いまま放置されていることです。

もしくは、売上げを伸ばす方法として、社員をより長く働かせること以外の手段を思いつかない（生産性の意識を欠いた）前時代的な経営者の意識や、それ以外の方法では付加価値を生み出せない古いビジネスモデルこそが、解くべき課題なのです。

少し考えれば誰でもわかることですが、生産性を上げないまま労働時間を短縮すると、企業は提供商品やサービスの価値が低下し、売上げが下がります。労働者も、生産性を高めないまま労働時間を減らすと、収入が下がります。両者ともそれを望んでいないので、口でいくら労働時間の短縮をとなえても、なかなか実現できません。目指すべきは労働時間や残業時間の削減ではなく、「生産性の継続的な向上」なのです。

長時間の残業や無駄な会議を減らすことが解くべき課題として設定されてしまうと、解決方法は「ノー残業デイの設定」や「会議時間に上限を設定」といったコインの裏返しに終わってしまいます。

「コインの裏返し」とは、本質的な課題を放置したまま問題を反転させて解決方法とする、問題解決の悪例を示す言葉です。「営業成績が上がりません↓では営業成績を上げるためにもっと頑張ろう」とか、「コストが高く、値引きができないので売れません↓ではコストをもっと下げよう」といった提案がそれにあたります。

「労働時間が長すぎる→では労働時間を減らしましょう」というのもコインの裏返しです。そうではなく、「解くべき課題は生産性を上げることだ」と認識し、イノベーション（改革）や継続的なインプルーブメント（改善）を通して仕事の生産性を高めれば、結果として残業も労働時間も減少します。

生産性が向上すれば、労働時間が短くなっても今より質の高い商品やサービスが提供でき、企業は売上げを、労働者は収入を伸ばすことができます。そうでなければ企業側にも労働者側にも、労働時間を短くしようという真摯なインセンティブは生まれません。

働き方改革のひとつとして提言されている同一労働同一賃金も、生産性が上がらないなら単なる正社員から非正規社員への報酬の移転です。これでは、正社員（労働組合）が抵抗するのも当然でしょう。

目指すべきは生産性の向上による総付加価値の拡大です。生産性を上げて成果の絶対量を増やし、その配分を通じて同一労働同一賃金を実現するのが、正しい道筋なのです。

今、正社員を増やさず派遣社員やアルバイトばかりを増やしている企業は、「派遣社員の生産性が、（定年までの雇用継続や社会保障負担の大きな）正社員の生産性よりはるかに高い」と感じているのではないでしょうか。だから派遣社員ばかりを増やすのです。

そういう状況の中で同一労働同一賃金を推し進めれば、賃金は当然に低いほうに寄っていきます。今必要なのは、正社員がその人件費コストに見合うだけの価値を生み出せる、生産性の高い人材になることであり、国も企業も（そして個人も）そのための人材育成にこそ投資をしなければならないのです。

また、労働人口が急速に減る日本経済への処方箋として高齢者や女性の就業率を高めようとするのも、外国からの労働者受け入れ拡大を進めるのも、いずれも「インプットを増やして問題を解決しよう」というアプローチです。「人手不足だ↓では新たな働き手を見つけよう」というのでは、コインの裏返しにすぎません。働き手を増やすだけでは、生産性の低い仕事や働き方はいつまでも温存されてしまいます。そうではなく、人手が足りないなら、生産性をいかに高めるかという方向で考えるべきなのです。

人工知能やロボットの活用など新たな技術の積極活用はもちろんですが、生産性向上の方策は他にもたくさんあります。慢性的な人手不足に悩む介護分野に関しても、「一時間の訪問介護＋次の訪問先への三〇分の移動時間」を「一時間の訪問介護＋五分の移動時間」に変えることができれば、ひとりのスタッフが一日に訪問できる高齢者の数は五人から七人に増えます。これは高齢者が集合住宅などに集まって住むだけで、介護スタッフの生産性が四割も上がることを意味しています。しかも同じ八時間勤務でありながら、介護スタッフの収入も大幅に増えるのです。

今は四人の人手を必要とする仕事を、三人でも質を下げずに遂行できるような形に変えていく。こうやって生産性を上げていくのが、人手不足問題へのあるべき対処法なのです。

生産性の低い主体を温存する日本

生産性の向上は企業経営のみならず、さまざまな社会問題の解決の鍵ともなるこれからの時代のキーワードです。

地方再生についても、問題解決の鍵は都会の若者の地方移住ではありません。日本の人口は二〇一六年の一億二六九三万人から、次の五〇年で八〇二六万人まで四六六七万人減ると予測されています。現在、北海道、東北、北陸、中国、四国、九州地方の人口の合計が四五四二万人ですから、それらの地域の全人口以上の数が、次の五〇年の間（今年生まれた子どもが五〇歳になるまでの間、もしくは、今二〇歳の学生が定年を迎える頃まで）に消えていくのです。

そんなに人口の減る国で、都会からの移住者が少しくらい増えてもなんの解決にもなりません。「地方の人口が減っている↓地方に人口を呼び込もう」とか「地方に人口が少ないのは仕事がないからだ↓地方に予算をつけて仕事をつくろう」というのもコインの裏返しです。

本当の問題は、地方の人口が減少していることではなく、あらゆる面において、地方の生産性が低すぎることです。農業や漁業といった第一次産業だけでなく、飲食や小売りなどの第三次産業、そして教育や医療、介護といったインフラサービスに関しても、地方では生産性が低すぎるため事業者が撤退してしまいます。

解くべき課題（イシュー）が生産性の低さであると明確化されれば、規制緩和やＩＴの積極的な活用で農業や漁業の生産性を大幅に上げる方法を考えたり、自動運転車、遠隔医療、遠隔教育などを積極導入し、一方で集住を促進するなど産業や生活インフラの生産性をいかに上げるかと考えるのが、地方問題の解決の方向性だと理解できます。

日本的な終身雇用制度の最大の問題も、日本全体の労働生産性を下げてしまっているという点にあります。日本ではこの制度のために優秀な人材の流動性が著しく低く、生産性の低い分野に大量の人が留め置かれる一方、生産性が高い分野では、人材不足が成長の足かせになっています。

政府は生産性の低い人や生産性の低い産業を弱者とみなし、さまざまな支援をしていますが、その支援の多くは「生産性を高めるための支援」ではなく、「生産性が低くても存続し続けられるようにするための支援」です。

これでは支援をすればするほど、生産性の低い産業や企業が長きにわたって放置されてしまいます。第5章では選抜に漏れた中高年が定年まで何十年も放置されていると書きましたが、これと同じことが社会レベルでも起こっているのです。

地方、産業、個人のどれであれ、必要なのは「生産性が低いまま存続できるよう支援すること」ではなく、「生産性を少しでも高められるよう支援すること」です。そしてそのために最も重要なのが、人を諦めない、人に投資をし続けるということなのです。

人口減少というチャンス

日本は今後、急速に人口が減っていきます。現在でも年間二七万人以上の減少ですが、二五年後には年間一〇〇万人もの人口減少が始まります。これはもはや外国人労働者や移民でカバーできる規模ではないし、女性や高齢者の就業率を少々上げて解決できる問題でもありません。

とはいえこの急激な人口減少こそ、日本人、日本企業そして日本社会が生産性を高めていくための好機であるとも考えられます。

最近は、人工知能の進化によって、今ある職業の多くが消えていくという予測が世界各国で発表されています。人口が減らなければ、それらは大規模な失業問題に発展します。しかし幸か不幸か日本では、労働人口が急激に減っていくのです。

日本はリスク許容度が低く、新しい技術や制度の導入に極めて慎重な社会です。それでも人手不足が深刻になれば、無人運転や無人宅配などについても積極的な導入論が強まるでしょう。

すでに深刻な担い手不足が顕在化している農業では、ドローンで作物の生育状況や虫害の状況を監視し、人工知能が水や農薬の散布タイミングを決定して、ドローンに散布指示を出すといった高度な自動化も試行され始めています。

長らく問題視されながら根本的な解決がなされてこなかった都市部の通勤問題についても、今後はより真剣な取り組みが始まるでしょう。現在、東京圏の平均通勤時間は往復一時間四二分で、一週間分の通勤時間で一日分以上の労働時間が捻出できます。このような生産性の低い時間を多くの人が浪費しているのは、個人にとっても企業にとっても、そして社会にとっても無駄なことです。

今後、本格的に労働力が足りなくなれば、在宅勤務や職住接近の促進も喫緊《きっきん》の課題となります。日本は人口減少を奇貨《きか》として、大胆に新しい技術やサービスを取り入れ、労働慣行を抜本的に見直して、企業や社会の生産性を大幅に向上させればよいのです。

今、政府は人口減少時代への対応、企業は国際競争力の維持強化、そして個人はワークライフバランスの実現という課題を抱えています。実はこの三つの問題すべてを解決できるのが「生産性の向上」です。

本書では主にビジネスシーンにおける生産性向上策を取り上げてきましたが、ひとりひとりの生産性が上がれば、企業のパフォーマンスが高まるだけでなく、個人の生活も豊かになり、社会全体の負担も減らすことができます。

「働き方改革」の最大の目的は「生産性を上げること」です。人口は三割以上も減ってしまいますが、これだけ多くの革新的な技術が実用化されようとしている今、人口減少のインパクトを上回る生産性の向上を目指し、高いレベルで職業生活と個人生活を両立できる人を増やすこと——これこそが、今後の日本が目指すべき方向なのではないでしょうか。

おわりに

二〇一二年に前著『採用基準』を出版したとき、はたして欧米型のリーダーシップの概念が日本社会に受け入れられるのか、不安に感じていました。しかしそれはまったくの杞憂でした。歴史ある大企業から新進の成長企業まで、さまざまな組織の経営者や管理職の方から、「こういう考え方が我が社にも必要」「これこそ自分が伝えたかったこと」というお声をいただき、組織が人材に求める資質には、欧米でも日本でも根本的な違いはないと確信できました。

今回、「生産性」についても同じことが起こることを期待しています。マッキンゼーで働いていたとき、コミュニケーションの方法から資料の作り方、意思決定や議論の方法、さらには組織の運営方法に至るまで、その合理的で論理的な判断のベースにあるのは、常に「どうすれば生産性を高められるか」という視点でした。

そこでは、「仕事ができる人」とは、「生産性の高い人」のことであり、「成長する」とは「生産性が高くなる」ということを意味していました。そして人材育成の目的とは、個々人の生産性を少しでも高めるために支援をすることだったのです。

コンサルティングファームで身につくスキルといえば、問題解決能力やロジカルシンキングがよく取り上げられますが、私はそれらが日米企業の差だとは思っていません。体系化や言語化がなされていないだけで、日本企業の多くは高い問題解決能力をもっているし、論理思考の重要性も十分に理解されています。

しかし、リーダーシップと生産性に関する理解や取り組みのレベルは大きく異なります。日本企業がグローバル企業と同じスピードで成長し、競い合っていくには、このふたつに関する認識を根底から、そして早急に変える必要があるのです。

特に生産性に対する意識の低さは、組織が肥大化した大企業だけの問題ではありません。起業からの年数も浅く、数十人から数百人規模のベンチャー企業に関しても、同様の問題が存在しています。

最近の若い起業家の方の行動力や志、また、その技術力やビジネスモデルのユニークさは、海外の名だたる企業と比べても大きく劣っているとは思いません。しかし、組織の生産性、および、その高め方については決定的な差があると感じます。

生産性が二倍の企業は、同じ期間の間に二倍高い目標に到達できます。生産性が五倍の企業なら、他の企業が五年かかることを一年で成し遂げられます。時間価値が企業の命運を分けるような変化の速い分野では、生産性の違いはそのまま世界シェア獲得のスピードの差となり、企業価値の差となるのです。

急成長を続ける企業では長時間労働が常態化していることも多く、生産性への意識が低くなりがちです。また、投資家に高く評価されるとキャッシュフローが潤沢になり、人を雇うことで問題を解決しようという方向に流れがちということもあるでしょう。

しかし、同じように全員が遅くまで忙しく働いている会社でも、その実態はふたつに分かれます。ひとつは「生産性が低い人が仕事に忙殺され、忙しく働いている会社」、もうひとつは「生産性が高い人が長時間働いているハイパワーな会社」です。一見すると両社はどちらも「全員が長時間働いている忙しい企業」にみえますが、それぞれの企業が達成できるレベルには大きな差が生まれてしまうのです。

繰り返しになりますが、日本と世界の差はふたつだけです。生産性をテーマとする本書ならびにリーダーシップのあり方を取り上げた前著『採用基準』が、少しでも皆さまの今後の組織づくり、そして人材育成のお役に立てますよう心から願っております。

二〇一六年一一月

伊賀泰代

参考文献（五十音順）

『イシューからはじめよ　知的生産の「シンプルな本質」』　安宅和人（英治出版　2010年）
『ウィニング　勝利の経営』　ジャック・ウェルチ、スージー・ウェルチ（日本経済新聞出版社　2005年）
『AIの衝撃　人工知能は人類の敵か』　小林雅一（講談社現代新書　2015年）
『大前研一　敗戦記』　大前研一（文藝春秋　1995年）
『君はまだ残業しているのか』　吉越浩一郎（PHP文庫　2012年）
『クラウドソーシングの衝撃　雇用流動化時代の働き方・雇い方革命』　比嘉邦彦、井川甲作（インプレスR&D　2013年）
『ゲームのルールを変えろ　ネスレ日本トップが明かす新・日本的経営』　高岡浩三（ダイヤモンド社　2013年）
『限界費用ゼロ社会　〈モノのインターネット〉と共有型経済の台頭』　ジェレミー・リフキン（NHK出版　2015年）
『GE　世界基準の仕事術』　安渕聖司（新潮社　2014年）
『シェア［ペーパーバック版］〈共有〉からビジネスを生みだす新戦略』　レイチェル・ボッツマン、ルー・ロジャース（NHK出版　2016年）
『シェアリング・エコノミー　Uber、Airbnbが変えた世界』　宮﨑康二（日本経済新聞出版社　2015年）

『組織の意味を再定義する時　企業は創造性と生産性を両立できるか　DIAMOND ハーバード・ビジネス・レビュー論文 Kindle 版』琴坂将広（ダイヤモンド社　2014年）
『第四次産業革命　ダボス会議が予測する未来』クラウス・シュワブ（日本経済新聞出版社　2016年）
『統計学が最強の学問である［ビジネス編］　データを利益に変える知恵とデザイン』西内啓（ダイヤモンド社　2016年）
『なぜ、あなたの仕事は終わらないのか　スピードは最強の武器である』中島聡（文響社　2016年）
『How Google Works　私たちの働き方とマネジメント』エリック・シュミット、ジョナサン・ローゼンバーグ、アラン・イーグル（日本経済新聞出版社　2014年）
『速さは全てを解決する　『ゼロ秒思考』の仕事術』赤羽雄二（ダイヤモンド社　2015年）
『部下を定時に帰す「仕事術」「最短距離」で「成果」を出すリーダーの知恵』佐々木常夫（WAVE出版　2009年）
『マッキンゼーで25年にわたって膨大な仕事をしてわかった　いい努力』山梨広一（ダイヤモンド社　2016年）
『LIFE SHIFT　100年時代の人生戦略』リンダ・グラットン、アンドリュー・スコット（東洋経済新報社　2016年）

［著者］伊賀泰代（いが・やすよ）
キャリア形成コンサルタント
兵庫県出身。一橋大学法学部を卒業後、日興證券引受本部（当時）を経て、カリフォルニア大学バークレー校ハース・スクール・オブ・ビジネスにてMBAを取得。1993年から2010年末までマッキンゼー・アンド・カンパニー、ジャパンにてコンサルタント、および、人材育成、採用マネージャーを務める。2011年に独立し、人材育成、組織運営に関わるコンサルティング業務に従事。著書に『採用基準』（2012年、ダイヤモンド社）
ウェブサイト http://igayasuyo.com/

生産性

マッキンゼーが組織と人材に求め続けるもの

2016年11月25日　第1刷発行
2017年2月22日　第7刷発行

著　者——伊賀泰代
発行所——ダイヤモンド社
〒150-8409　東京都渋谷区神宮前6-12-17
http://www.diamond.co.jp/
電話／03･5778･7228（編集）　03･5778･7240（販売）
装丁————水戸部功
本文レイアウト—松好那名（matt's work）
製作進行——ダイヤモンド・グラフィック社
印刷————勇進印刷（本文）・慶昌堂印刷（カバー）
製本————加藤製本
編集担当——岩佐文夫

ISBN978-4-478-10157-5